Tempête dans la famille
Les enfants et la violence conjugale

La Collection de l'Hôpital Sainte-Justine
pour les parents

Tempête dans la famille

Les enfants et la violence conjugale

Isabelle Côté
Louis-François Dallaire
Jean-François Vézina

Éditions de l'Hôpital Sainte-Justine
Centre hospitalier universitaire mère-enfant

Catalogage avant publication de Bibliothèque et Archives Canada

Côté, Isabelle

Tempête dans la famille : les enfants et la violence conjugale

(La collection de l'Hôpital Sainte-Justine pour les parents)

Comprend des réf. bibliogr.

ISBN 2-89619-008-2

1. Violence entre conjoints - Aspect psychologique. 2. Enfants de femmes victimes de violence - Psychologie. 3. Enfants de femmes victimes de violence, Services aux. 4. Hommes violents - Relations familiales. I. Dallaire, Louis-François. II. Vézina, Jean-François. III. Hôpital Sainte-Justine. IV. Titre. V. Collection: Collection de l'Hôpital Sainte-Justine pour les parents.

HV6626.C667 2004 362.82'923 C2004-941799-1

Illustrations : Céline Forget

Infographie : Nicole Tétreault

Diffusion-Distribution au Québec: Prologue inc.
en France : CEDIF (diffusion) – Casteilla (distribution)
en Belgique et au Luxembourg: S.A. Vander
en Suisse: Servidis S.A.

Éditions de l'Hôpital Sainte-Justine (CHU mère-enfant)
3175, chemin de la Côte-Sainte-Catherine
Montréal (Québec) H3T 1C5
Téléphone: (514) 345-4671
Télécopieur: (514) 345-4631
www.hsj.qc.ca/editions

ISBN 2-89619-008-2

Dépôt légal: Bibliothèque nationale du Québec, 2005
Bibliothèque nationale du Canada, 2005

Le masculin est utilisé pour désigner les deux sexes, sans discrimination, et dans le seul but d'alléger le texte.

À Ariane, Jonathan, Maude, David et Raynald,
pour tout ce que vous êtes de tendresse,
d'amour et de respect.

I. C.

Pour mes filles Sarah et Catherine,
dans l'espoir d'une société où la violence
envers les femmes n'aura plus sa place.

L.-F. D.

À Marie, Pascale, Émilie et Myriam,
vous qui me choyez quotidiennement de votre amour.

J.-F. V.

Remerciements

Le présent livre existe avant tout grâce à la confiance des enfants et des parents qui, au fil des années, nous ont fait part de leurs difficultés ainsi que de leur volonté et de leurs capacités à briser les chaînes de la violence.

Nos remerciements vont en particulier à madame Marie-Christine Saint-Jacques pour sa confiance inébranlable et ses commentaires toujours pertinents.

Soulignons l'apport précieux de madame Pascale Lavoie, intervenante jeunesse à la Maison des Femmes de Québec.

Nos remerciements s'adressent également à madame Dominique Damant pour son intérêt et son soutien pendant la rédaction du livre. Nous voulons exprimer notre reconnaissance à madame Manon Tremblay, collaboratrice essentielle et artiste de l'assistance technique. Nous avons aussi bénéficié de l'appui technique de mesdames Maude Côté-Paquet et Nancy Morin. Cet appui a été grandement apprécié.

Enfin, remerciements sincères à monsieur Luc Bégin, éditeur de la Collection de l'Hôpital Sainte-Justine pour les parents, pour sa patience et ses conseils judicieux tout au long du processus d'écriture.

Table des matières

Introduction

Quand vous écrirez votre livre sur la violence,
marquez-le en grosses lettres que
CE N'EST PAS À CAUSE DE
NOUS AUTRES, LES ENFANTS,
LA VIOLENCE CONJUGALE.
ÇA FAIT TROP MAL QUAND ON PENSE
QUE C'EST DE NOTRE FAUTE.

Frédérique, 11 ans.

Le message de Frédérique est passé. Voici donc un livre que nous offrons à toutes les personnes, particulièrement les parents, intéressées à savoir ce que vivent les enfants exposés à la violence conjugale et qui souhaitent leur bien-être. En effet, les enfants sont les grands oubliés de ce problème social qui inquiète, dérange et qui fait l'objet de préjugés et même d'un certain tabou.

Dans ces drames d'adultes, des enfants souffrent. Or, on commence à peine à parler d'eux. Comment décrire leur désarroi et leur détresse devant des scènes de violence qui transforment leurs parents, les deux êtres qu'ils aiment le plus au monde, en victime et en agresseur ? Même quand la violence s'exerce dans un autre contexte conjugal, par exemple dans une famille recomposée, elle fait très mal aux enfants.

Un enfant peut être exposé de multiples façons à la violence conjugale. Parfois, tandis qu'il se trouve dans une pièce voisine, il entend des paroles et des cris ou il voit des gestes violents exercés envers sa mère. Quelquefois, l'enfant fait lui-même partie de l'épisode d'agression, par exemple s'il tente de s'interposer physiquement entre ses parents ou s'il appelle la police. De plus, il se peut qu'il ait à vivre avec les conséquences de la violence sans qu'il ait vu ou entendu la scène d'abus, par exemple lorsqu'il constate que sa mère est blessée, qu'elle pleure, qu'elle lui raconte ce qui est arrivé et dit vouloir quitter la maison.

On sait maintenant que les enfants subissent les effets de cette violence, même si elle n'est pas directement dirigée contre eux. Il y a aussi des jeunes qui sont non seulement exposés à la violence conjugale mais qui sont eux-mêmes victimes de mauvais traitements, de négligence ou d'abus sexuels.

Pour les fins de cet ouvrage, nous avons choisi de nous attarder essentiellement au problème des enfants exposés à la violence conjugale. L'ampleur de ce problème et sa réalité encore très peu connue nécessitent une reconnaissance spécifique si l'ont veut aider les enfants et les parents. La double victimisation, violence conjugale et familiale, pourrait faire l'objet d'un autre livre.

Nous avons également choisi de traiter le problème des enfants exposés à la violence conjugale sous l'angle de la violence exercée par les hommes envers les femmes. Ce choix découle des données statistiques et des résultats de recherche sur le sujet, ainsi que de notre expérience d'intervention auprès des enfants, des femmes et des hommes qui vivent ce problème. Pour nous, la violence conjugale trouve son origine dans le rapport de domination entre les sexes, un rapport encore trop présent dans la société. Elle demeure cependant la responsabilité de celui qui choisit de l'exercer. Les abus de toutes sortes (drogue, alcool, jeu compulsif) et les problèmes de santé mentale ou d'ordre financier contribuent souvent à faire émerger la violence, bien qu'ils n'en soient pas la source.

Précisons que notre analyse de la violence n'exclut pas le fait que certains hommes subissent de la violence de la part de leur conjointe. Par ailleurs, nous savons que d'autres chercheurs et intervenants ont une compréhension différente de la violence conjugale et l'analysent en fonction de facteurs neurologiques, psychologiques ou psychiatriques.

Nous vous invitons maintenant à pénétrer dans la réalité complexe et troublante de la violence conjugale en insistant sur la manière dont l'enfant la vit, de l'intérieur. On ne peut passer sous silence le fait qu'il subit les conséquences de ce problème d'adultes et qu'il a besoin d'aide, tout comme ses parents, pour surmonter la violence et connaître des moments plus heureux.

Il se peut que l'émotion vous étreigne à la lecture de certaines pages comme cela nous est arrivé à nous-mêmes en les écrivant. Cette émotion est belle. Elle est une façon d'exprimer notre amour aux enfants, qu'on soit parent ou simplement un adulte attentif à leur épanouissement.

Chapitre 1

Une réalité complexe et troublante

▼

La violence conjugale ou la relation affective prise en otage

La violence est malheureusement omniprésente dans notre société. Les guerres, les meurtres et les méfaits des bandes criminelles font la une des journaux. On dénonce souvent le contenu agressif et brutal de nombreux films et vidéoclips, ainsi que les paroles haineuses et sexistes de certaines chansons populaires. Et à l'heure où les jeux vidéos célèbrent l'extrême en tout, force est de constater que la violence est devenue banale.

Pourtant, la violence est bien réelle et pernicieuse. Elle se fraie un chemin jusque dans les familles, à l'intérieur des couples. La violence conjugale ne se passe pas entre deux étrangers. Elle concerne deux personnes qui éprouvent ou qui ont éprouvé des sentiments l'un pour l'autre. Ce caractère distinctif a longtemps contribué à classer les agressions entre conjoints dans le domaine du strictement privé. En Amérique du Nord, ce n'est que depuis le début des années 1970, et grâce à la mobilisation de groupes de femmes, que la violence conjugale a été reconnue comme un problème de société. Maintenant, la loi sanctionne aussi les délits criminels[1] commis dans un contexte conjugal.

Mais dans les faits, qu'est-ce que la violence conjugale? Précisons d'abord que c'est tout le contraire de l'amour et du respect. Ce n'est pas non plus un simple problème de communication. Il s'agit plutôt d'un moyen de contrôle, de l'exercice d'un pouvoir abusif fait par le conjoint sur sa conjointe afin d'arriver à ses fins. La violence conjugale est un comportement (verbal et non verbal) choisi dans l'intention de dominer l'autre. Elle se présente sous différentes formes: physique, psychologique, verbale, sexuelle et économique. Le tableau 1 regroupe quelques exemples qui concrétisent chacun des aspects de la violence conjugale. Ce portrait non exhaustif permet de sentir le climat de tension et de peur dans lequel évoluent les victimes, de même que sa dangerosité. Il laisse aussi entrevoir l'importance de la violence psychologique (ou violence invisible), non reconnue au plan légal, mais tout aussi néfaste que l'abus physique.

Ces comportements violents se produisent à l'intérieur d'une dynamique particulièrement complexe qui transforme une histoire d'amour en drame conjugal. Soulignons que l'action se passe en vase clos et retenons deux notions: la relation affective et le cycle de la violence.

---

1. Les crimes contre la personne sont les voies de fait simples (par exemple serrer les bras, le cou d'une personne, la bousculer) et graves (par exemple blesser une personne, la mutiler, la défigurer), les menaces, le harcèlement criminel, les agressions armées causant lésion, les agressions sexuelles, les enlèvements ou séquestrations, les meurtres et les tentatives de meurtres. (Source: ministère de la Sécurité publique du Québec)

TABLEAU 1
LES FORMES DE VIOLENCE CONJUGALE

Physique	*Violence directe* • Bousculer. • Commettre une voie de fait simple ou grave. • Avoir un contact physique dans le but d'agresser la conjointe. • Faire une agression armée. • Faire une tentative de meurtre. • Commettre un meurtre. *Violence indirecte* • Briser les biens de la conjointe. • Lui lancer des projectiles. • Frapper sur un meuble, défoncer une porte ou un mur dans le but d'intimider.
Psychologique	• Mépriser. • Humilier. • Dénigrer. • Dévaloriser. • Faire des menaces de mort, de suicide, ou d'infanticide. • Isoler la conjointe. • Ignorer l'autre pendant des heures, des jours, des semaines. • Contrôler la conjointe (ses gestes, ses paroles, son courrier, ses appels téléphoniques). • Harceler, ou utiliser les enfants pour harceler (lorsque le couple vit ensemble ou lors des visites des enfants). (...)

(suite)

Verbale	• Crier. • Hurler. • Blasphèmer. • Dire des paroles vulgaires dans le but de rabaisser. • Insulter la conjointe.
Sexuelle	• Traiter la conjointe comme un objet sexuel. • L'obliger à visionner du matériel pornographique. • Contraindre la conjointe à des actes sexuels. • La violer.
Économique	• Prendre l'argent de la conjointe. • L'empêcher d'avoir un emploi ou de le garder. • Surveiller de façon indue ses achats. • Ne pas payer, et de façon intentionnelle, la pension alimentaire. • Manipuler la conjointe pour ce qui est de l'argent, du budget familial, dans le but de consommer drogue et alcool ou pour des activités de jeu compulsif.

La relation affective fait d'abord référence à l'attachement qui unit le couple et, ensuite, au lien entre les parents et les enfants. En contexte de violence conjugale, ce lien est un enjeu de taille et c'est l'un des facteurs qui permet de comprendre, après coup, pourquoi la victime prend tant de temps avant de dénoncer l'intolérable. Ce lien peut aussi être le moteur même de la violence car selon la conception du conjoint violent, l'attachement donne le droit de s'imposer et de contrôler son entourage, c'est-à-dire sa femme et son enfant.

Quant au cycle de la violence, il peut se définir comme un engrenage insidieux et destructeur dans lequel on retrouve quatre phases[2]:

- climat de tension (escalade de la violence);
- épisode violent (agression);
- justification (déresponsabilisation);
- lune de miel (rémission).

La figure qui suit, extraite de «VIF[3]» , un document sur la violence intrafamiliale, en illustre bien les étapes.

FIGURE 1
CYCLE DE LA VIOLENCE

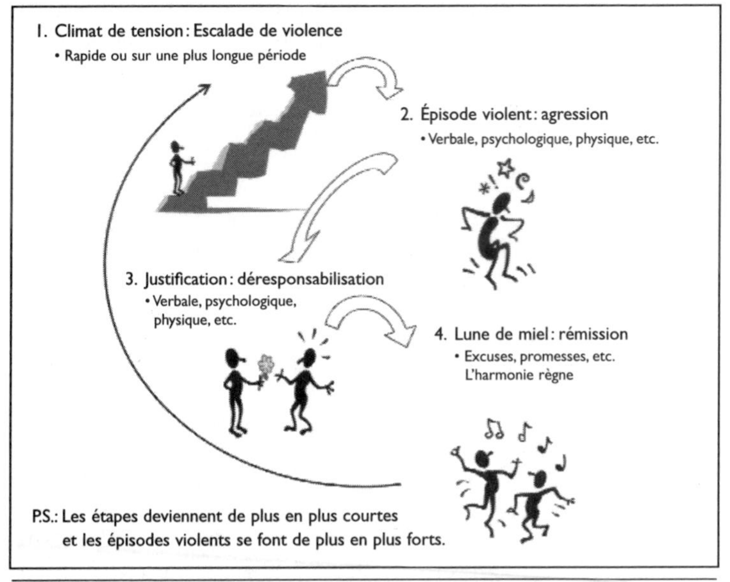

2. Certains auteurs divisent aussi le cycle de la violence en trois ou cinq étapes.
3. Centre jeunesse de Québec – Institut universitaire. VIF – *Document sur la violence intrafamiliale*. Direction du développement de la pratique professionnelle. Québec. Octobre 2002.

Cette figure aide à voir comment fonctionne le cycle infernal, répétitif et évolutif. Le conjoint qui a des attitudes menaçantes et un comportement violent vit des émotions désagréables et l'agression est le moyen qu'il privilégie pour évacuer son inconfort. L'escalade de la violence est souvent rapide. En quelques semaines ou quelques mois, l'agresseur peut utiliser toutes les formes de violence, dont l'agression physique, allant même, dans certains cas, jusqu'à l'homicide. L'escalade peut aussi être progressive, tant dans le temps (par exemple, une explosion de violence aux trois ou six mois et ce, pendant deux, cinq, dix ans et plus) que dans la forme (par exemple, l'agresseur va s'en tenir longtemps à de la violence verbale et psychologique avant d'agresser physiquement sa conjointe). Dans quelques situations de violence conjugale, il n'y aura pas d'agression physique tant que le conjoint maintiendra le contrôle par la violence psychologique. Voici maintenant, de l'intérieur, les différentes étapes qui marquent le cycle de la violence conjugale.

- Au début, le climat de tension s'installe (regards méprisants ou menaçants, silences lourds, mouvements d'impatience) et insécurise la femme et les enfants. L'expression populaire « marcher sur des œufs » prend alors tout son sens.
- Puis, surviennent les épisodes d'agression qui peuvent s'en tenir longtemps à de la violence verbale et psychologique ou s'inscrire rapidement dans un mode d'abus physique.
- Habituellement, après l'explosion, le conjoint violent tente de justifier son comportement abusif en se déresponsabilisant. Il fait porter l'odieux de la situation à sa conjointe victime: «Tu sais que je t'aime, pourquoi n'acceptes-tu pas que j'aille prendre un verre avec des amis dans un bar de danseuses nues ? » ; « Ne me parle pas quand tu sais que ça va mal au bureau ! » ; «Si tu t'occupais mieux des enfants, je n'aurais pas à me fâcher si fort ! » La victime prend

facilement sur elle les propos et gestes violents du conjoint et se tient volontiers un discours culpabilisant. « Je devrais arrêter de le contrôler, il revient au matin et il est ivre, mais au moins il revient » ; « Je devrais me rappeler de le laisser en paix, son travail le stresse beaucoup » ; « Pourquoi aussi lui avoir parlé des problèmes scolaires des enfants ? C'est à moi de m'en occuper. » La victime garde et même achète la paix, incitant les enfants à adopter la même conduite.

- La dernière étape fait place à une période d'accalmie où le conjoint s'excuse et peut promettre, si sa femme le lui demande, d'aller en thérapie conjugale. Il aura des attentions particulières (fleurs, bijoux, sorties) pour sa conjointe et aussi pour les enfants. Toutefois, il ne reconnaît pas sa violence et la conjointe conserve quand même l'espoir que les choses s'arrangent. Après tout, quel couple n'a pas ses disputes ? Plus la violence s'installe et plus cette phase de rémission, ou lune de miel, est courte. Elle finit même par disparaître et les explosions sont alors plus fréquentes et dangereuses. La prise de contrôle est totale, il n'y a vraiment plus d'histoire d'amour.

Ça n'arrive pas qu'aux autres

Anne-Marie, 44 ans, est une avocate réputée et mère d'un adolescent ; Nathalie, 33 ans, élève seule ses deux jeunes enfants, et son revenu provient des prestations d'aide sociale ; Julie, 22 ans, enceinte de six mois, est une brillante étudiante universitaire ; Hélène, 50 ans, administre une grande entreprise ; Louise, 42 ans, est femme au foyer et mère de quatre enfants. Son mari est agent d'assurances.

Qu'on en commun toutes ces femmes ? Elles ont toutes été victimes de violence conjugale et, pourtant, dans la plupart des cas, personne ne se doutait qu'elles vivaient cet enfer.

Ces femmes victimes ne sont pas des cas isolés. En 1994, les données issues de l'Enquête nationale de Statistique Canada sur la violence faite aux femmes (ENVF) révélaient que 30 p. 100 des femmes vivant ou ayant déjà vécu avec un conjoint ont subi au moins un acte de violence physique ou sexuelle de la part de celui-ci. Plus récemment, l'Enquête sociale générale (ESG) de 1999 révélait que 8 p. 100 des Canadiennes et 7 p. 100 des Canadiens avaient subi, au cours des cinq années précédant l'enquête, une forme de violence physique ou sexuelle de la part d'un partenaire. L'enquête montrait cependant que les violences infligées aux femmes étaient nettement plus sévères que celles touchant les hommes. Les femmes subissent un plus grand nombre d'incidents de violence que les hommes.

En 1994, les taux étaient sensiblement les mêmes aux États-Unis et au Canada; on estime qu'entre 20 et 30 p. 100 des Américaines sont ou ont été victimes de violence conjugale[4]. En Europe, on évalue qu'au cours de sa vie, une femme sur cinq est victime de violence conjugale de la part de son mari ou de son compagnon[5]. Enfin, au Québec, on dénombrait en 2001 plus de 16 000 cas de violence conjugale, et près de 9 fois sur 10 les victimes étaient des femmes. Par rapport à 1997, ces dernières données marquent une augmentation de 22 p. 100 des cas signalés aux policiers québécois[6]. Cette hausse est peut-être le reflet d'une plus grande tendance à porter ces crimes à l'attention des autorités plutôt qu'une augmentation de la violence conjugale. Par ailleurs, et toujours au Québec, l'enquête menée en 1998 sur la violence envers les conjointes dans

4. G. Lessard et F. Paradis. *La problématique des enfants exposés à la violence conjugale et les facteurs de protection*. Recension des écrits. Québec: Direction de la Santé publique du Québec, 2003.

5. M.-C. Descamps. « La violence domestique est un problème grave en Europe ». *Le Monde*, édition du 21 février 2002.

6. Ministère de la Sécurité publique, rapport statistique pour l'année 2001.

les couples québécois révélait que les femmes subissant de la violence physique ou sexuelle de la part de leur conjoint éprouvaient également une grande détresse psychologique et sociale.

Et les enfants dans tout ça?

Les enfants sont malheureusement aux premières loges de ces drames et, paradoxalement, on a longtemps cru qu'ils n'étaient pas concernés par les conflits de leurs parents. Cependant, la situation évolue et, depuis 1995, le gouvernement québécois reconnaît formellement la victimisation des enfants: *Dans un contexte de violence conjugale, les enfants subissent les effets négatifs de la situation. Qu'ils assistent ou non aux actes de violence, ils sont toujours affectés par le climat de violence. Les enfants sont donc victimes de cette violence même lorsqu'elle n'est pas directement dirigée vers eux*[7].

Il demeure toutefois difficile d'évaluer exactement le pourcentage d'enfants exposés à la violence conjugale. Des études révèlent que les enfants sont exposés dans une proportion allant de 27 à 95 p. 100. Les données varient selon l'origine des répondants et la définition que l'on attribue au concept de violence. Aux États-Unis, en 1990, on estimait qu'entre 3,3 et 10 millions de jeunes Américains étaient exposés annuellement à de la violence conjugale[8]. Par ailleurs, l'Enquête sociale générale (ESG) de Statistiques Canada, où plus de 26 000 hommes et femmes ont été interrogés, révèle que 37 p. 100 des victimes de violence conjugale ont déclaré que les enfants avaient vu ou entendu des actes de violence, ce qui représente environ un

7. Gouvernement du Québec. Politique d'intervention en matière de violence conjugale. 1995 23.

8. P. Jaffe et S. Poisson. «Recensions des écrits et pistes d'actions pour Montréal». In *Projets intersectoriels en matière de services pour les enfants exposés à la violence conjugale et les membres de leur famille*. Table de concertation en violence conjugale de Montréal. 2002 104 p.

demi-million d'enfants au cours des cinq dernières années[9]. Toujours au Canada, d'autres chercheurs évaluent qu'entre 11 et 23 p. 100 de tous les enfants canadiens sont exposés à la violence conjugale, ce qui représente, en milieu scolaire, jusqu'à six enfants par classe[10].

Au Québec, depuis 1999, le ministère de la Sécurité publique compile les données statistiques sur les enfants blessés physiquement ou tués dans un contexte de violence conjugale. Annuellement, plus ou moins 300 enfants, en filiation avec l'un des parents ou les deux, subissent des blessures lors des épisodes de violence conjugale. De plus, pour l'année 2001, quatre décès d'enfants ont été répertoriés. Soulignons que le nombre d'enfants québécois victimes de crimes contre la personne est encore plus élevé lorsqu'on calcule tous les mineurs présents lors des événements de violence conjugale[11]. Des enfants sont blessés (ou risquent de l'être) lorsqu'ils s'interposent physiquement dans le conflit pour défendre la mère et tenter de faire cesser la crise. C'est aussi quand, dans le feu de l'altercation, les parents «oublient» la présence de Cédric (2 ans), qui reçoit le coup de pied destiné à la mère, ou celle de Pierre-Luc (10 ans), atteint par un projectile dirigé vers la conjointe.

Aux blessures physiques se greffent les douleurs de l'âme, les maux causés par les mots. La violence conjugale, c'est plus qu'une simple dispute, comme nous le verrons.

---

9. G. Lessard et F. Paradis, *op. cit.*

10. M. Sudermann et P. Jaffe. *Les enfants exposés à la violence conjugale et familiale: guide à l'intention des éducateurs et intervenants en santé et en services sociaux.* Pour l'unité de la prévention de la violence familiale. Ottawa: Santé Canada, 1999. 71 pages.

11. Ministère de la Sécurité publique. Rapports statistiques pour les années 1999-2000 et 2001.

Chicanes et... CHICANES[12]

C'est plus avec papa que ça a commencé, mais je suis pas sûr. Je trouve, mais je suis pas sûr, là. Peut-être que c'est avec maman, mais moi je trouve que c'est plus avec papa.

Antoine, 10 ans.

Les chicanes, chez mon amie, c'est pas comme chez-nous. Elle, elle n'a pas peur.

Ève, 8 ans.

Des fois, quand ils s'engueulent, j'ai peur qu'il tue ma mère. L'autre fois, elle avait de la misère à marcher.

Philippe, 12 ans,
en famille recomposée.

Chez nous, ça va de plus en plus moins bien.

Sandrine, 7 ans.

Dispute, chicane, engueulade... Ce sont les mots que les enfants utilisent habituellement pour qualifier les conflits qui surgissent entre leurs parents ou au sein de la famille recomposée. Ils reprennent ainsi le vocabulaire des adultes. En effet, c'est de cette façon que ceux-ci qualifient leurs problèmes conjugaux, jusqu'au moment où des intervenants ou un proche, lors d'une situation de crise, les aident à reconnaître que ce qu'ils vivent ne relève plus du simple conflit, mais de la violence conjugale. Avec de l'aide, les enfants reconnaissent qu'il existe plusieurs modèles de disputes ou de chicanes, que certaines sont utiles tandis que d'autres sont dévastatrices. Le tableau 2 illustre trois types de disputes conjugales à l'intérieur desquelles les enfants évoluent.

12. Chicane : terme fréquemment utilisé au Québec pour désigner une querelle, une dispute.

TABLEAU 2
TYPOLOGIE DES CHICANES, DES DISPUTES

1. Les chicanes *feux verts*

Les mésententes sont peu fréquentes et leur intensité est modérée. Le respect est une valeur partagée par les conjoints. La communication est habituellement bonne.

Présence ou absence d'un modèle de réconciliation

Les enfants apprennent à résoudre un conflit.

Émotion

Étonnement – Léger inconfort.

2. Les chicanes *feux jaunes*

Les disputes «presto» ou «soupe au lait» où l'un des conjoints et même les deux explosent. Les querelles sont peu nombreuses et de courte durée. Le respect est habituellement présent dans le couple. Des efforts concrets et sincères sont faits pour développer un meilleur contrôle de soi afin que la situation ne se reproduise plus. Cependant, ce mode de communication parfois orageux et stressant nécessite une certaine vigilance.

Présence ou absence d'un modèle de réconciliation

Les enfants apprennent à résoudre un conflit, mais à un degré moindre que dans les chicanes «feux verts».

Émotion

Crainte – Confusion – Malaise.

Mécanismes de protection

- Se mettre les mains sur les oreilles.
- Dire les sentiments que la situation fait vivre.
- Créer une diversion en changeant de sujet.
- Demander poliment de parler moins fort.

3. Les chicanes *feux rouges*

Le cycle de la violence s'est installé et les comportements verbaux et non verbaux d'un des conjoints sont de plus en plus menaçants et agressants. Prise de contrôle (domination) d'un partenaire sur l'autre (soumission).

Dans certaines situations, et souvent en réaction aux agressions subies, la violence mutuelle devient le mode de communication privilégié du couple.

Présence ou absence d'un modèle de réconciliation

Pas de modèle de réconciliation, climat toxique et dangereux pour les enfants.

La «victoire» sur l'autre devient la seule avenue acceptable.

Émotion

Peur – Confusion – Terreur.

Mécanismes de protection

- Aller dans sa chambre.
- Rester dans sa chambre, si on y est déjà.
- Se mettre les mains sur les oreilles.
- Ne pas intervenir directement dans le conflit.
- Téléphoner à un parent, un voisin.
- Courir se réfugier chez un parent, un voisin.
- Téléphoner à la police (faire le numéro d'urgence*).

Source: I. Côté, Delisle, R., Dallaire, Ls-F., Le May, F. et Vézina, J.F. (2003) dans « Ensemble... on découvre », *Guide d'intervention de groupe auprès des enfants exposés à la violence conjugale et de leurs mères*. CLSC-CHSLD, Sainte-Foy - Sillery - Laurentien, 82 pages, 2004.

Note: Même lors des chicanes «feux verts», les enfants se mettent parfois les mains sur les oreilles ou prennent d'autres moyens pour signifier que la situation les dérange et qu'ils sont mal à l'aise. On ne peut alors, à proprement parler, reconnaître les moyens utilisés comme des mécanismes de protection.

*Au Québec, le 9-1-1, en France le 17, en Belgique, le 101, en Suisse, le 117.

Il est important d'aider les enfants à nommer de façon très concrète ce qu'ils vivent et les émotions qu'ils ressentent. Ils apprennent ainsi à faire les distinctions qui s'imposent, c'est-à-dire à démêler les « bonnes disputes » de celles qui menacent leur sécurité et celle de leur mère.

Les contextes d'exposition à la violence conjugale

L'enfant exposé[13] à la violence conjugale subit cette situation dans différents contextes familiaux. Parfois ses deux parents cohabitent (famille intacte), quelquefois cela se passe après une rupture conjugale (famille monoparentale) et à certains moments au sein d'une famille recomposée.

Précisons que dans un conflit entre adultes, l'enfant craint autant la séparation que la violence, surtout s'il s'agit de ses parents. Ce qu'il souhaite avant tout c'est la fin des hostilités et non la rupture. Il doit cependant composer avec les décisions que prennent ses parents puisque cette responsabilité leur revient. Certains couples décident de rester ensemble, qu'il y ait ou non arrêt de la violence. D'autres couples optent pour la rupture, celle-ci étant souvent décidée par la conjointe. Cette décision provoque parfois une recrudescence de la violence, ce qui augmente le danger pour la femme et les enfants. Il arrive que la violence continue après la séparation, le contrôle de l'ex-conjoint s'exerçant quelquefois par le biais des enfants, utilisés bien malgré eux. Certains enfants sont témoins de violence conjugale au sein de leur famille recomposée, qu'ils aient vécu ou non cette situation dans leur famille d'origine. Certains jeunes

13. Nous privilégions le concept « d'enfant exposé » à la violence conjugale à celui de témoin ou victime parce qu'il offre une acception plus complète et globale des expériences de l'enfant en regard du problème de violence. Nous ne nions pas cependant qu'il puisse y avoir des différences pour un enfant dans le fait qu'il ait été témoin ou victime.

sont même coincés entre la violence conjugale post-rupture de leurs parents et un contexte tout aussi hostile et nocif dans leur famille recomposée.

Quel que soit le scénario, les enfants vivent beaucoup d'émotions, d'interrogations et de réactions, car la violence s'exerce le plus souvent entre les deux personnes qu'ils aiment le plus au monde.

Le dilemme affectif des enfants ou le conflit de loyauté

Qu'on soit âgé de 3, de 9 ou de 16 ans, ça fait toujours mal de voir souffrir quelqu'un qu'on aime. Cela fait encore plus mal quand on éprouve beaucoup d'affection pour l'agresseur. Déchirant, n'est-ce pas ? C'est pourtant la difficile et triste réalité de l'enfant exposé à la violence conjugale.

La violence qui s'exerce entre les parents provoque chez les enfants un grand dilemme affectif qu'on qualifie de conflit de loyauté. Les enfants ressentent de l'empathie à l'égard de leur mère qui subit les propos dénigrants du père et qui est menacée par ses gestes, mais ils éprouvent également de la colère envers celui-ci.

Par contre, certains enfants — et particulièrement les adolescents — peuvent percevoir leur mère comme un être faible et s'associer au père qui détient le pouvoir et le contrôle. Le fait de s'associer ainsi à l'abuseur ne signifie pas pour autant que les jeunes approuvent son comportement agressant. Qui d'entre nous aimerait vivre dans un climat de peur et même de terreur ?

Avant tout, les enfants souhaitent vivre dans une famille « normale », sans gros conflits. Ils se sentent donc menacés quand la mère parle de séparation. Ils appréhendent un éclatement de la famille, la possibilité de ne plus voir leur père et même que celui-ci se retrouve en prison. Devant de telles éventualités, certains enfants se rangent du côté du père, contre la mère.

Souvent, les enfants ressentent simultanément des émotions opposées (amour et haine, attachement et détachement, proximité et rejet) à l'égard de l'un ou l'autre de leurs parents ou même des deux. Les conséquences de ces émotions paradoxales se manifestent par l'isolement social, une certaine paralysie des sentiments et la perte d'habiletés interactionnelles. La plupart des enfants ne peuvent supporter longtemps ce conflit intérieur et tentent de le résoudre en prenant le parti de l'un ou l'autre des parents[14]. Un peu comme à la guerre, chacun choisit son camp et il n'est pas rare de voir deux clans s'affronter lorsqu'une famille compte plus d'un enfant.

Outre le conflit de loyauté, l'enfant exposé à la violence conjugale est marqué du sceau du secret. Le silence repose sur des motivations précises et fait appel à différentes stratégies.

Entre le non-dit et le «dis-le pas»

Je pense qu'ils ont de grosses chicanes quand je dors, mais je suis pas sûr sûr. Maman me dit que je fais des cauchemars. J'aime pas ça, ces rêves-là, on dirait que c'est vrai !

Olivier, presque 7 ans.

Les propos d'Olivier pourraient être repris par beaucoup d'enfants. Bien sûr, le garçon n'a pas imaginé la «grosse chicane», mais sa mère lui suggère qu'il s'agit d'un rêve. Par crainte instinctive, l'enfant ose rarement vérifier cette version auprès de son père. Quand la même histoire se répète à quelques reprises, l'enfant vit de la confusion et il en vient même à douter de ses capacités à démêler le vrai du faux.

Ce non-dit ou déni induit par la mère a souvent pour but de protéger l'enfant de cette ambiance sordide, particulièrement

14. G. Lessard et F. Paradis, *op. cit.*

s'il est jeune. Souvent, elle déploie beaucoup d'énergie pour que la bagarre n'éclate pas devant l'enfant, croyant à tort qu'il ne ressent pas la tension entre ses parents. Elle espère que, la nuit aidant, les murs et le tapis de la chambre masqueront les cris, les pleurs, le bruit des coups... Elle entretient aussi l'espoir que la situation s'arrange. En niant la réalité devant l'enfant, elle en atténue en quelque sorte la portée pour elle-même.

D'autre part, dans les familles où règne la violence conjugale, il n'est pas rare de voir le secret érigé en système. Les adultes et les enfants utilisent différentes tactiques pour taire la vérité sur leur vie. Leurs stratégies sont les mêmes, mais leurs buts sont différents. Quand le conjoint nie son comportement agressif et exige le silence sur sa conduite, c'est souvent pour maintenir sa domination et s'éviter des conséquences désagréables. Quand la femme victime tait la situation de violence, c'est souvent parce qu'elle a peur, qu'elle est sous l'emprise de son conjoint, qu'elle éprouve de la honte, qu'elle se sent responsable de la violence et qu'elle veut maintenir la famille ensemble. Les enfants obéissent aux consignes parentales du « ne dis pas ce qui se passe chez-nous » et du « t'es mieux de ne rien dire sur notre famille ». Ils sont confondus par les attitudes et les messages de leurs parents et se modèlent à leurs attentes. Souvent, leur silence cache aussi la peur d'être perçus comme différents des autres.

Nos interventions cliniques auprès des pères (ou conjoints), des mères et des enfants exposés à la violence conjugale nous ont permis d'identifier huit stratégies qui contribuent à maintenir le secret de la violence, tant dans la famille qu'à l'extérieur. Ces moyens sont la négation, le blâme, la manipulation, l'isolement, la menace, la banalisation, le mensonge et le jeu du sauveur. Le tableau 3 présente chacune des stratégies assorties des commentaires émis par les trois parties.

TABLEAU 3
STRATÉGIES FAMILIALES POUR LE MAINTIEN DU SECRET
DE LA VIOLENCE CONJUGALE

Stratégies utilisées	
Négation	**Par le père** (ou conjoint) « Je n'ai aucun problème. » **Par la mère** « Tu as dû rêver ça, ton père et moi on ne s'est pas chicanés hier soir. C'était probablement un film à la télévision qui jouait trop fort. » **Par l'enfant exposé** « Tout va très bien à la maison, ma mère et son nouvel ami s'entendent très bien. »
Blâme	**Par le père** (ou conjoint) « C'est vous, le problème ; n'importe qui se fâcherait avec une famille comme vous autres. » **Par la mère** « Si mes enfants étaient plus calmes et si je m'en occupais mieux, je suis certaine que ce serait plus facile pour mon mari ! » **Par l'enfant exposé** « C'est vrai que je suis pas mal tannant... »
Manipulation	**Par le père** (ou conjoint) « Toi, tu me comprends, tu es une bonne petite fille, tu sais que j'agis pour le bien de tout le monde. » « Qui vous a payé des vacances l'été dernier ? » **Par la mère** « Ce n'est pas facile ces temps-ci, mais que veux-tu que j'y fasse ? Aimerais-tu mieux que papa aille en prison ? »

Stratégies utilisées	
Manipulation (suite)	**Par l'enfant exposé** «Je vais te prêter ma planche à roulettes si tu ne parles pas de ce que tu as vu chez nous hier soir.»
Isolement	**Par le père** (ou conjoint) «Ce qui se passe à la maison, ça ne regarde pas les autres. Pas question de demander de l'aide!» **Par la mère** «Ne va surtout pas raconter ça à l'école. Ce serait mieux de garder ça entre nous. On va s'en sortir tout seul.» **Par l'enfant exposé** «Non, j'aime mieux que vous ne veniez pas à la maison. Peut-être qu'on peut aller chez Alex, à la place?»
Menace	**Par le père** (ou conjoint) «Si jamais j'ai un appel de l'école, je ne suis pas fou, je vais tout de suite savoir que c'est toi qui en a parlé.» **Par la mère** «Je ne peux pas croire que vous avez raconté à grand-papa ce qui s'est passé. Je ne vous ramènerai plus jamais le voir!» **Par l'enfant exposé** «Oublie pas que je suis plus forte que toi et que je peux te taper n'importe quand si tu racontes ce qui se passe entre papa et maman!»
Banalisation	**Par le père** (ou conjoint) «Quand même, je n'ai pas frappé ta mère!» (...)

(suite)

Stratégies utilisées	
Banalisation (suite)	**Par la mère** « Mes enfants sont trop sensibles, un simple accrochage entre mon mari et moi et ils fondent en larmes. » **Par l'enfant exposé** « S'engueuler, y'a rien là : tous les parents sont comme les miens. »
Mensonge	**Par le père** (ou conjoint) « Le fils de ma conjointe invente toujours des histoires pour me donner une mauvaise réputation. C'est sa façon de se venger parce que je ne le laisse pas faire tout ce qu'il veut dans la maison. » **Par la mère** « Le coup de poing ne m'a pas fait mal. Si tu en parles, je vais dire que ce n'est pas vrai. » **Par l'enfant exposé** « Maman est partie pour quelques jours, mais c'est juste pour aller visiter ma grand-mère qui ne va pas bien. »
Jeu du sauveur	**Par le père** (ou conjoint) « J'ai bien compris que tu n'aimes pas ça quand maman et moi on se dispute. Ne t'en fais pas, je m'en occupe et ça va changer. » **Par la mère** « Laisse-moi faire, maman va essayer très fort de tout arranger. » **Par l'enfant exposé** « Je pense que je vais rester à la maison ce soir ; quand je suis là, mes parents se chicanent moins fort. »

Le secret de la violence conjugale a des conséquences sur les enfants. Cette situation comporte des risques physiques et affectifs pour ceux-ci, car ils ne sont pas totalement conscients de l'étendue et de la sévérité de la violence ni du potentiel de danger. Sur le plan affectif, le secret réitère le caractère d'irréalité face à la violence et entrave la capacité des enfants à affronter la crise et le danger imminent qui lui est associé[15].

Beaucoup d'enfants apprennent ainsi qu'il est risqué d'admettre l'existence de la violence. Le fait de dénoncer ce qui se passe entre papa et maman pourrait avoir une conséquence stressante et culpabilisante pour eux : l'éclatement de la famille. Ils deviennent donc les enfants du silence, se débattant seuls dans une sorte de toile d'araignée. Ce terrible secret les isole de l'aide extérieure dont ils auraient pourtant bien besoin.

La coexistence de la violence conjugale et familiale

Reconnue depuis peu, la réalité de l'enfant exposé à la violence conjugale est éprouvante et, dans certains cas, elle l'est doublement. L'enfant peut effectivement vivre à la fois dans un environnement conjugal violent (violence indirecte) et être lui-même victime de mauvais traitements qui prennent la forme d'abus et de négligence. Notre objectif n'est pas de traiter des particularités de la coexistence de la violence conjugale et de la violence familiale, mais il nous semble essentiel de l'aborder au moins de façon sommaire, car nous constatons que les enfants pris dans ce double problème sont d'autant plus affectés dans leur fonctionnement[16].

Ces situations sont-elles fréquentes ? Une grande étude américaine, portant sur la présence simultanée de violence

15. G. Lessard et F. Paradis, *op. cit.*

16. M. O'Keefe. « The differential effects of family violence on adolescent adjustment ». *Children and Adolescent Social Work Journal.* 1996 13 (1) 51-68.

conjugale et de mauvais traitements envers les enfants, évalue ce taux à environ 40 p. 100 de la population qui a recours à des services d'aide; il serait de 6 à 21 p. 100 dans la population en général[17]. Au Québec, dans une recherche récente portant sur la teneur des signalements retenus au sein des 16 centres jeunesse, on estime à 22,9 p. 100 le nombre d'enfants qui vivent dans des situations familiales où au moins un parent est victime de violence conjugale. Pour environ 40 p. 100 de ces enfants, la violence conjugale est identifiée comme un problème de protection lié à d'autres problèmes: négligence, abus physique, troubles de comportement[18].

Trop préoccupés par le conflit conjugal et les difficultés connexes, des parents négligent de donner aux enfants les soins de base appropriés (nourriture, vêtements, soins d'hygiène), une présence attentionnée et la stimulation dont ils ont besoin pour leur développement. Des jeunes sont aussi la cible directe d'injures, de harcèlement, de menaces, de violence physique et sexuelle. Certains réagissent à ces agressions par des troubles extériorisés (fugue, violence envers leurs parents, leurs frères et sœurs, les compagnons, ou consommation de drogues). Pour d'autres, les problèmes sont intériorisés (dépression, tentative de suicide, retrait social). En raison de ces manifestations, des jeunes sont signalés à la Direction de la protection de la jeunesse (DPJ) et, pour un certain nombre d'entre eux, on envisage des mesures de placement. Cette dernière solution s'avère parfois le seul moyen de lever le voile sur la situation qui les perturbe et c'est l'occasion pour l'enfant de recevoir l'aide appropriée.

17. A. Appel et G. W. Holden. «The co-occurrence of spouse and physical child abuse. A review and appraisal». *Journal of Family Psychology.* 1998 (12) 578-599.

18. C. Chamberland, L. Laporte, L. Tourigny, M. Mayer, J. Wright et S. Hélie. «The incidence of psychological maltreatment in Quebec: a study of children reported to youth protection». *XVIth Biennial Conference of the ISSBD*. Beijing: 2000.

Les adultes ont aussi besoin de thérapies et de soutien pour que la violence diminue et que leur fonctionnement soit plus adéquat. Dans certains cas, on découvre qu'aux problèmes de violence conjugale et familiale se greffent d'autres difficultés, comme la toxicomanie, l'alcoolisme, la pauvreté et les problèmes de santé mentale[19]. Ces difficultés n'excusent pas les abus, mais elles doivent être prises en considération dans les services à donner au père ou au conjoint de fait, ainsi qu'à la mère et à l'enfant.

En bref

- La violence conjugale est un moyen de contrôle, un exercice abusif de pouvoir de l'homme sur sa conjointe afin de parvenir à ses fins. C'est un comportement qui peut prendre plusieurs formes (verbale, psychologique, sexuelle, économique, physique…) et qui traduit une intention de dominer.
- La violence conjugale se caractérise par un climat de terreur qui s'établit dans une relation affective. Ce climat s'instaure selon un cycle en quatre temps (escalade, agression, justification, rémission), caractérisé par la répétition et une augmentation de l'intensité de la violence.
- Les statistiques démontrent que la violence conjugale est un phénomène social important, tant au Canada qu'aux États-Unis et en Europe.
- S'il demeure difficile d'évaluer la proportion exacte d'enfants canadiens exposés à la violence conjugale, de nombreuses études confirment que ce problème existe et que

19. C. Lavergne, L. Laporte, et C. Chamberland. *Présence de violence conjugale dans les situations familiales des enfants dont le signalement a été retenu par la DPJ.* 2002.

son ampleur est préoccupante. On estime qu'au Canada, de 11 à 23 p. 100 de tous les enfants sont exposés à la violence conjugale.

- Bien que tous les couples se disputent par moments, il y a une différence entre une chicane ou une dispute et un épisode de violence. Avec un peu d'aide, les enfants apprennent vite à faire la différence entre les différentes formes de conflits, que ceux-ci soient utiles (chicanes à « feux verts »), à risque (chicanes à « feux jaunes ») ou destructeurs (chicanes à « feux rouges »).
- Un enfant exposé à la violence conjugale vit habituellement un grand dilemme affectif, nommé aussi conflit de loyauté. Ce dilemme résulte du fait que la violence s'exerce le plus souvent entre les deux personnes qu'il aime le plus au monde, soit son père et sa mère.
- Le conflit de loyauté est le fruit des émotions opposées vécues simultanément par un enfant exposé à la violence conjugale : amour et haine, peur et attachement. Cet état devient tellement insupportable que l'enfant tente de le résoudre en prenant parti pour l'un ou l'autre des parents.
- Les familles touchées par la violence conjugale ont fréquemment recours à certaines stratégies pour camoufler ce qu'elles vivent. Les plus courantes sont la négation, le blâme, la manipulation, l'isolement, la menace, la banalisation, le mensonge et le jeu du sauveur. Dans un grand nombre de situations de violence conjugale, l'enfant est aussi victime de mauvais traitements prenant la forme d'abus et de négligence.

CHAPITRE 2

LA VIOLENCE CONJUGALE TOUCHE AUSSI LES ENFANTS

Mes enfants ? Non, je ne pense pas
que notre problème les affecte.
Après tout, quand ma femme et moi on se chicane,
elles sont couchées, elles dorment.
Je ne crie quand même pas si fort que ça.

Les propos de Pierre, 36 ans, marié, père de deux fillettes de 8 et 10 ans, et qui participe à un groupe de thérapie pour hommes ayant des comportements violents, témoignent plus d'une méconnaissance de la réalité que d'une absence de sensibilité. En cela, il rejoint beaucoup de parents (et même d'intervenants) qui ont beaucoup de difficultés à concevoir que même si la violence conjugale s'exerce entre les adultes, elle a de grandes répercussions sur les enfants.

Un jeu d'échelles et de serpents

Le quotidien des enfants exposés à la violence conjugale s'adapte aux phases du cycle de la violence. Cependant, comme leurs parents, les enfants ne savent pas que les changements surprenants et extrêmes dans le couple constituent un cercle vicieux. Ils passent par toute la gamme des émotions : la peur (et même la terreur), la peine, l'impuissance, la confusion, la colère, la culpabilité, l'espoir et la désillusion.

Quand le cycle de la violence est bien installé, certains enfants, particulièrement les plus vieux, développent des antennes et saisissent les premiers signes du climat de tension. Ils vont tout mettre en œuvre pour en empêcher l'explosion : s'occuper du petit frère afin qu'il n'énerve pas papa, faire les dernières courses pour maman afin que le souper soit prêt à temps, offrir de garder la jeune sœur pour que les parents puissent sortir et se changer les idées. Leurs efforts sont souvent vains. Ils assistent, impuissants et apeurés, à la énième chicane ou dispute « feu rouge » entre leurs parents. Des enfants s'interposent pendant le conflit, d'autres se réfugient dans leur chambre (sous le lit ou dans la garde-robe) ou derrière un fauteuil du salon. Certains, jugeant la situation dangereuse, composent le numéro d'urgence des services policiers de leur propre initiative ou selon un plan de sécurité[20] élaboré avec leur mère. D'autres encore cherchent refuge chez des voisins que la mère a sensibilisés à la situation de violence conjugale.

Si le cycle de la violence n'est pas trop structuré, la paix revient. Déconcertés, mais soulagés et contents, les enfants voient les adultes se témoigner de l'affection et ils tentent de croire que la réconciliation, cette fois, est bien réelle. Ils pensent aussi que la vie en couple est ainsi faite. Certains seront même enclins, plus tard, à reproduire ce modèle dans leurs propres relations conjugales.

20. Un plan de sécurité (ou scénario de protection) est un ensemble de mesures ou de moyens que l'enfant connaît et qu'il sait qu'il peut utiliser dans une situation de violence conjugale. Ce plan doit être fait, dans toute la mesure du possible, avec la participation de la mère. Généralement, un intervenant aide la mère et l'enfant dans l'élaboration du scénario de protection.

Lors d'une intervention de groupe auprès d'enfants exposés à la violence conjugale, nous commentions le cycle de la violence en le comparant à un tempête. **Climat de tension** (vent qui se lève, ciel qui s'ennuage, gouttes de pluie qui tombent), **explosion** (ciel de plus en plus noir et menaçant, tonnerre qui gronde, éclairs qui surgissent, vents violents, orage qui se déchaîne), **justification-déresponsabilisation** (pluie qui diminue, tonnerre moins fort, soleil qui cherche à poindre), **lune de miel-rémission** (ciel qui redevient bleu et serein, vent calme, oiseaux qui gazouillent). Ayant écouté cette comparaison, Joëlle, 12 ans, dont les parents sont séparés, dit aux participants du groupe : *C'est vrai la tempête, mais moi je voyais leurs chicanes comme le jeu de serpents et d'échelles. Les serpents c'étaient comme les sacres et les coups de poing que papa donnait à maman. Maman dégringolait les échelles et papa était le gagnant.*

Par sa remarque, Joëlle venait d'illustrer l'abus et la prise de contrôle de son père sur sa mère. Il lui restait à apprendre, comme bien d'autres enfants et adultes, qu'au « jeu » de la violence conjugale, il n'y a que des perdants.

Quand la police arrive et repart... avec papa

C'est à cause de moi que papa est en prison.
J'ai appelé les policiers.

François, 10 ans.

J'ai peur, j'ai tellement peur quand j'entends mes parents crier.
L'autre soir, deux policiers sont venus chez nous,
après mon père est reparti avec eux.

Chloé, 9 ans.

J'avais honte, une auto de police juste devant chez nous. J'ai dit à mes amis que c'était l'alarme pour les vols qui s'était déclenchée.

Nicolas, 15 ans.

Dans de nombreuses situations de violence conjugale, l'intervention policière s'avère nécessaire et même essentielle dans certains cas. Cette intervention figure parmi les événements qui impressionnent le plus les enfants. Rien de plus normal : l'épisode de violence conjugale porte déjà en soi une grande charge émotive que l'arrivée de la police ne peut qu'intensifier. Bien après que l'incident se soit déroulé, les enfants seront en mesure de parler de la scène et de la reproduire. Voici quelques scénarios illustrant ce que vit l'enfant.

Les policiers, habituellement en tandem homme-femme, répondent à un appel d'urgence qui peut avoir été composé, par exemple, par un voisin, par la mère ou par un enfant. Pour les conflits qui ont un faible potentiel de risque, l'intervention des patrouilleurs est de nature préventive. Ils prennent le temps de discuter individuellement avec l'homme et la femme afin de faire baisser la tension. Ils leur donnent aussi de l'information sur les ressources d'aide, CLSC (centre local de services communautaires)[21] et organismes communautaires, en leur suggérant d'entreprendre ou de poursuivre une démarche de thérapie. De plus, ils accordent une attention particulière aux enfants et cherchent à les rassurer.

Dans les situations de danger ou de crise, l'intervention des policiers est plus coercitive, allant jusqu'à l'arrestation de l'agresseur et ce, même si la victime refuse de porter plainte[22].

21. **CLSC** (Centre local de services communautaires) : organisme du réseau de la santé et des services sociaux du Québec qui dispense des services de première ligne au plan biopsychosocial.

22. Au Québec, les policiers ont l'obligation d'intervenir s'ils ont suffisamment d'éléments pour le faire (blessures, ecchymoses, destruction de biens, attitudes de la victime ou de l'agresseur). Ils peuvent aussi procéder à l'arrestation de l'agresseur si des indices leur laissent croire qu'il pourrait se produire quelque chose de grave. Ces directives proviennent des politiques gouvernementales de 1986 et 1995 en matière de violence conjugale.

Ils inciteront cette dernière à chercher de l'aide pour elle-même et les enfants. De plus, dans les cas qui le commandent, si la mère est désorganisée, isolée socialement et ne peut répondre aux besoins de protection des enfants, les policiers demanderont la collaboration des intervenants de la DPJ[23]. D'autre part, si la victime est blessée ou mortellement atteinte, ils coopéreront avec les ressources médicales appropriées. Les enfants seront confiés à la DPJ qui assurera leur protection.

Dans d'autres circonstances, il arrive que le conjoint violent ait pris la fuite avant l'arrivée des policiers et la victime peut alors craindre pour sa sécurité et celle des enfants. La police orientera la mère et les enfants vers une maison d'aide et d'hébergement, en concertation avec d'autres ressources.

Ces situations permettent d'illustrer les bouleversements que les enfants vivent sur le plan affectif et dans leurs habitudes de vie. Face à l'intervention policière, leurs sentiments sont nombreux et ambivalents.

Pour un grand nombre d'enfants, l'arrivée impromptue des policiers pendant l'épisode de violence provoque à la fois du soulagement et de la crainte. L'intervention policière signifie à la fois un arrêt au moins momentané de la violence, mais aussi la fin de leur secret de famille. Quelles seront les réactions du père quant au dévoilement de ce secret, particulièrement si c'est la mère ou l'enfant lui-même qui a fait l'appel d'urgence ? Sera-t-il très fâché ? Est-ce que la situation sera pire qu'avant ?

Pour les enfants, l'arrestation du père, qu'ils y assistent ou non, est un grand choc. La confusion, la peine, la honte, la

---

23. La DPJ (Direction de la protection de la jeunesse) est un des services des Centres jeunesse, organisme du réseau de la santé et des services sociaux du Québec, qui assure une mission de protection à l'endroit des jeunes de 0 à 17 ans.

culpabilité et la colère sont les émotions qui les habitent. Ils ont peur de la violence de leur père envers leur mère ; ils détestent aussi quand le père s'enivre, mais ils aiment tout de même ce papa qui est parfois drôle et avec qui ils ont des moments d'affection et de plaisir. Soudain, l'arrestation fait de leur père... un criminel. Pas de quoi se vanter auprès des amis de l'école... À qui oser dire qu'on aime papa malgré tout ?

Les enfants qui ont appelé les policiers se sentent souvent coupables et s'attribuent l'odieux d'avoir envoyé papa en prison. Certains, devant le danger, font spontanément l'appel d'urgence. D'autres se rappellent la consigne de leur mère d'agir ainsi si elle est incapable de le faire elle-même. Dans certaines situations, la culpabilité et la confusion des enfants sont amplifiées si la mère leur reproche cet appel à la police, sous prétexte que l'emprisonnement du père, s'il perdure, privera la famille d'un revenu de subsistance. Les enfants sont déconcertés par une telle attitude. Leur culpabilité augmente et ils ressentent alors de la colère envers leur mère. Pour faire baisser leur tension, ils choisissent parfois de se ranger du côté du conjoint violent.

Habituellement, l'intervention policière ne met pas un point final à la violence conjugale. Son but consiste à faire cesser les comportements violents dans l'immédiat. Elle ne peut circonscrire tous les aspects affectifs et sociaux de la crise familiale. Ce moment de stress et de déséquilibre amène souvent la famille soit à se replier sur elle-même, soit à s'ouvrir à une aide extérieure. À la suite de l'intervention policière, les procédures judiciaires se poursuivent souvent pendant une période assez longue, généralement sans l'incarcération du conjoint violent. De plus, l'emprise de l'agresseur sur les victimes ne s'arrête pas miraculeusement à cause d'un séjour de 24 heures ou de quelques jours en prison. Pour améliorer la situation, il est impératif que chacun des membres de la famille obtienne le soutien des proches (et non leur jugement) et ait recours à des ressources spécialisées.

Je n'habite plus dans ma maison... Est-ce que c'est pour longtemps?

Une autre particularité des situations de violence conjugale est le fait que, dans une grande proportion, les mères et les enfants doivent être hébergés à l'extérieur du foyer, à une ou à quelques reprises, pour assurer leur protection. Il arrive que la mère ait prévu de tels séjours hors de la maison avec ses enfants en âge de comprendre le danger lié au conflit conjugal (scénario de protection). Dans d'autres cas, les départs sont précipités en raison d'un état d'urgence.

Où vont ces familles? Par choix ou par obligation (par exemple un manque de place dans les maisons d'aide et d'hébergement[24]), certaines d'entre elles vont chez des amis ou dans la famille. Ces séjours sont habituellement de courte durée, et cela souvent pour des raisons de sécurité, tant pour les victimes que pour les personnes qui les accueillent. Également, les proches sont parfois dépassés sur le plan affectif ou trop pris par le problème. D'autres se sentent coincés entre la victime et l'agresseur.

Dans de nombreux cas, les mères et les enfants vont en maison d'aide et d'hébergement, soit par leurs propres moyens soit accompagnés par les policiers. Ils y sont accueillis par des intervenantes très sensibilisées au stress et à la détresse causés par la situation d'abus qu'ils fuient et par l'anxiété de l'inconnu provoquée par un tel dérangement. Comme leur nom l'indique,

24. En 2000-2001, les quelque 90 maisons d'aide et d'hébergement du Québec ont accueilli 7562 femmes victimes de violence ou en difficulté, accompagnées de leurs 5414 enfants. Source: Rapport du groupe de travail sur les services offerts aux femmes victimes de violence conjugale et à leurs enfants. Québec: 2003.

ces maisons se veulent chaleureuses et à caractère familial[25]. Dans la majorité de ces lieux d'hébergement, les enfants bénéficient d'un suivi individuel et de groupe, pendant le temps d'hébergement et même après le départ, dans certains cas.

Comment l'enfant vit-il ce déracinement ? Les scénarios sont nombreux et varient en fonction de certains éléments :

- l'âge de l'enfant (les adolescents présentent plus de difficultés d'adaptation) ;
- sa capacité d'adaptation aux changements ;
- sa préparation à l'hébergement ;
- la façon dont le départ se déroule ;
- l'état de santé de la mère ;
- la capacité de la mère à s'occuper de l'enfant pendant le séjour ;
- le maintien ou la séparation de la fratrie ;
- la qualité des contacts père-enfant ;
- la poursuite au moins minimale de certaines habitudes de vie ;
- la fréquence des séjours dans des ressources d'hébergement (les adolescents réagissent par de la frustration et du désabusement s'ils connaissent plusieurs séjours) ;
- le soutien donné à l'enfant et à sa mère dans la ressource d'hébergement.

---

25. Afin de préserver leur cachet familial, les maisons d'aide et d'hébergement n'accueillent généralement qu'une douzaine de personnes à la fois. Les mères préparent les repas avec les intervenantes. Chaque famille doit s'occuper de l'entretien ménager de l'espace qui lui est attribué. La discipline familiale est exercée par les mères et les personnes hébergées doivent observer les règles de vie de la maison. La durée d'un séjour varie de quelques jours à un mois et peut se prolonger dans des situations exceptionnelles. À des fins de sécurité, la confidentialité sur l'adresse de la ressource doit être rigoureusement respectée par les mères et les enfants.

Lors des séjours en maison d'aide et d'hébergement, on remarque que l'anxiété des enfants, au moment de l'arrivée, fait place assez rapidement au soulagement d'avoir quitté un milieu violent. L'adaptation de l'enfant est facilitée si certaines conditions sont réunies : présence de la « doudou » ou de l'ourson du plus jeune, accès aux ressources habituelles de garde et aux écoles, possibilité pour les plus vieux de téléphoner aux amis et de les voir à l'extérieur, plus grande énergie chez la maman.

Par ailleurs, une autre condition un peu plus délicate et controversée concerne le maintien des contacts père-enfant pendant l'hébergement. Dans certains cas, la question ne se pose pas, puisqu'un jugement légal interdit toute forme de communication père-enfant. Dans d'autres situations, les enfants sont encore tellement traumatisés qu'ils refusent de parler ou de voir leur père malgré l'insistance de ce dernier. Dans les situations moins aiguës, les enfants, après quelques jours dans la maison d'accueil, s'ennuient habituellement de leur père. Ils souhaitent et apprécient les conversations téléphoniques avec lui et les sorties autorisées. De plus, si le père reconnaît que son comportement violent envers sa conjointe comporte des effets pernicieux pour son enfant, la communication peut avoir un apport positif, tant chez le jeune que chez le père. Malheureusement, dans les cas où le père dénigre la mère, fait des menaces et nie son comportement violent, les enfants manifestent leur malaise en étant plus agités et même agressifs envers leur mère et les intervenantes. Les manifestations de l'enfant ne sont pas sans heurter la mère et cristalliser ses inquiétudes en regard de sa sécurité et de celle de son enfant lorsqu'ils quitteront la maison d'aide et d'hébergement.

Pendant leur séjour, il arrive que les enfants se mettent à apprécier leur expérience grâce à la présence des autres enfants et des mères qui, tout comme eux, ont fui la violence conjugale.

Avec le concours des intervenantes, et sans que leurs confidences soient forcées, les enfants sont en mesure de s'exprimer par la parole, le dessin, le théâtre ou le jeu. Ainsi, ils développent des moyens de se protéger et de vivre moins de malaise.

Pendant l'hébergement, les enfants sont aussi préoccupés par des questions de nature différente :

Est-ce que mes parents sont séparés pour toujours ?

Mon chat Émile mange-t-il à sa faim ? Va-t-il me reconnaître ?

Est que je vais recevoir quand même mes cadeaux de Noël ?

De plus, des enfants hébergés peuvent être mal à l'aise parce que le secret de la violence qui existe entre leurs parents a été dévoilé. Certains s'en culpabilisent et d'autres en font le reproche à leur mère. Ils appréhendent les réactions de leur père à leur retour. D'autres enfants s'ennuient de leur frère ou de leur sœur qui a préféré rester avec leur père, et leurs sentiments à l'endroit de leur mère sont souvent ambivalents. Il est fréquent que le conflit de loyauté chez les enfants soit ravivé pendant cette période de transition.

Et quelle sera l'orientation des mères et des enfants une fois le temps d'hébergement terminé ? Les hypothèses sont nombreuses et liées à un grand nombre de considérations, comme nous le verrons maintenant.

Je suis de retour chez nous... mais pour combien de temps ?

Si l'hébergement à l'extérieur du foyer est synonyme à la fois de protection et d'instabilité pour les victimes de violence conjugale, le retour à la maison ne signifie pas nécessairement la sérénité et la stabilité. La violence sera-t-elle chose du passé ? Le séjour hors du milieu familial marque un temps d'arrêt dans l'escalade de la violence conjugale, mais il n'y met pas fin. Encore faut-il que ce refuge ait mis la famille à l'abri du danger et qu'il se soit avéré sécurisant, propice à la réflexion et à la détente. D'autre part, comment le conjoint aura-t-il utilisé ce temps de séparation ? Aura-t-il accumulé encore plus de colère et de ressentiment ou, au contraire, aura-t-il reconnu son comportement violent et entamé une démarche d'aide pour le désamorcer ?

Quoi qu'il en soit, une décision doit être prise tôt ou tard quant à l'orientation post-hébergement. La femme assume un rôle prépondérant en ce qui concerne la réintégration familiale. Cette fonction n'est pas une sinécure et devient souvent un véritable casse-tête. La femme est souvent remise en question dans ses valeurs et ses croyances, et elle est préoccupée par des questions d'ordre affectif, économique et juridique. De plus, l'emprise du conjoint sur elle et sur les enfants n'est pas disparue par enchantement. Rappelons les étapes du cycle de la violence et la structuration du pouvoir et du contrôle de l'homme sur la femme. Celle-ci et les enfants peuvent être encore très vulnérables face aux menaces, aux excuses et aux promesses que le conjoint fait lors des communications téléphoniques, des rencontres à l'extérieur du lieu d'hébergement ou qu'il transmet par l'intermédiaire des tiers.

Quant aux enfants, à l'exception des situations extrêmes où ils craignent pour leur vie et celle de leur mère, ils ont habituellement hâte de revenir chez eux et de retrouver leurs habitudes de vie. Ils s'ennuient de leur père (et non de son comportement violent), et ils espèrent qu'il soit « guéri » comme il leur a expliqué au téléphone. Parfois, mère et enfants sont sur la même longueur d'ondes quant à l'option retour à la maison avec papa. Dans d'autres cas, la mère peut les décevoir et même les mettre en colère en leur exprimant ses réserves et ses doutes quant au fait que leur père aura vraiment changé d'attitude et de comportement. Elle peut même aller jusqu'à émettre l'idée d'une rupture et s'attarder sur les changements que cette orientation pourrait provoquer dans leur vie quotidienne. Les enfants lui demanderont peut-être de donner une dernière chance à papa ou ils l'accuseront de vouloir briser la famille. Certains vont jusqu'à menacer leur mère de demeurer avec leur père si le couple se sépare et disent comprendre « pourquoi papa est méchant avec elle ».

La mère doit prendre en compte les opinions et les émotions des enfants mais, en aucun cas, ceux-ci ne doivent porter le poids de la décision à prendre au moment de quitter la ressource d'hébergement. En ce qui concerne les modalités de retour au foyer, il y a autant de scénarios possibles que de situations de violence conjugale. Il n'y a pas de boule de cristal, il n'y a que de l'espoir, des craintes et des incertitudes.

La rupture, une solution qui ne règle pas tout

Je reste avec lui pour les enfants,
ils ont besoin de leur père.
Je m'en voudrais trop de me séparer.

Diane, 41 ans, mère d'un garçon de 14 ans
et d'une fille de 11 ans.

Je le quitte parce que je m'en veux de faire vivre
cet enfer aux enfants.

Marie-Josée, 29 ans, mère de deux fillettes
de 3 ans et de 5 ans.

Dans la vie des enfants, la peur de voir les parents se séparer ou divorcer est très présente. La hausse en flèche des statistiques sur la rupture n'est pas sans augmenter en eux le stress provoqué par cette éventualité. Cette situation est présente même dans les ruptures où les parents transcendent peine et ressentiment dans l'intérêt de leurs enfants. Les jeunes qui vivent dans un contexte de violence conjugale ne sont pas différents des autres quant à leur crainte de la séparation. Cependant, nous devons préciser que dans leur cas, « c'est une peur qui s'ajoute aux autres peurs ».

Généralement, le conflit que vivent les conjoints et qui les incite à se séparer se définit comme « un type de relation fondée sur l'incompatibilité des attentes mutuelles et la recherche difficile de rapports plus satisfaisants »[26]. Quant aux situations de violence conjugale, elles se distinguent par des éléments comme la prise de contrôle du conjoint sur sa conjointe, la domination et la dangerosité. Malheureusement, ce dernier volet est bien documenté par des statistiques d'homicides conjugaux et de drames familiaux qui se produisent pendant la vie commune, à l'annonce d'une rupture ou après une séparation.

De l'extérieur, on peut penser qu'il est plus facile pour une femme victime de violence conjugale de prendre la décision de se séparer. Entre la prison et la liberté, aucune hésitation possible, en quelque sorte… Pourtant, il n'en n'est rien. Parfois, le degré de victimisation de la femme est tellement élevé, le secret de la violence tellement bien gardé que l'idée de la séparation n'effleure même pas sa pensée. Quelquefois, la rupture est envisagée sans être d'emblée une priorité, par exemple dans les situations où la femme reçoit ou a reçu une aide thérapeutique, qu'il y ait eu des interventions policières, l'incarcération du conjoint et un ou des séjours en maison d'aide et d'hébergement.

26. R. Cloutier, L. Filion et H. Timmermans. *Les parents se séparent… pour mieux vivre la crise et aider son enfant.* Montréal : Éditions de l'Hôpital Sainte-Justine, 2001, p. 11.

Plusieurs facteurs nourrissent cette ambivalence. Mentionnons l'emprise du conjoint, l'absence d'autonomie financière, l'espoir que la relation s'améliore et la responsabilité que la femme se donne (et que son environnement lui donne) de maintenir la famille ensemble. De plus, **il n'y a aucune assurance que la rupture mette fin à la violence. Dans certaines situations, cela va même jusqu'à l'exacerber**. Car si cette option est perçue comme une solution pour la majorité des couples faisant face à la séparation, la rupture est plutôt vécue par le conjoint violent comme un obstacle au contrôle qu'il exerce. **Par contre, il y a énormément de risques pour la femme et les enfants à demeurer dans une relation où l'exercice de la violence est devenue la norme.**

La femme est donc face à un dilemme et, quelle que soit l'option qu'elle privilégie, les conséquences sont nombreuses et provoquent beaucoup de stress, tant pour elle que pour ses enfants.

La rupture malgré tout

Toute rupture impliquant des enfants devrait faire l'objet d'une grande attention de la part des deux parents. Cela nécessite leur collaboration, tant dans l'annonce de la décision que dans le processus d'adaptation qui s'ensuit. Heureusement, dans de nombreux cas, les parents ont à cœur le bien-être de leurs enfants et mettent tout en œuvre pour que cet événement soit relativement bien vécu. Ils peuvent être soutenus par différentes ressources, dont la médiation familiale. Cependant, dans la majorité des situations de violence conjugale, on ne peut présumer d'une telle éthique parentale, surtout si le conjoint violent ne reconnaît pas sa violence et qu'il se pose en « victime » de la rupture. La manipulation et les représailles de toutes sortes sont plus susceptibles d'être à l'agenda que les préoccupations liées au bien-être de l'enfant.

Dans un contexte de violence conjugale, la femme est accaparée par de multiples procédures judiciaires, en plus de l'être par la kyrielle de tâches inhérentes à toute démarche de séparation (depuis la recherche d'un logement jusqu'au recours à l'aide sociale ou la quête d'un emploi, en passant par les nouvelles inscriptions à l'école et en milieu de garde). Il n'est pas rare que des recours légaux se déroulent à trois paliers de tribunaux en parallèle, soit le Tribunal de la jeunesse (pour la protection des enfants), la Cour supérieure (pour les requêtes de garde d'enfants, les droits d'accès, la pension parentale et, s'il y a lieu, pour les procédures de séparation) et la Cour criminelle (advenant le dépôt d'une plainte). Dans certains cas, et malgré les précautions qui sont prises, les enfants doivent témoigner de ce qu'ils vivent et cela entraîne beaucoup d'anxiété. L'ensemble de ces démarches spécifiques s'inscrivent en plus des activités quotidiennes habituelles de la mère. Elle n'a donc pas le temps de vivre le deuil affectif lié à la rupture. Ainsi, la femme devient souvent tendue, anxieuse et à bout de nerfs. Les enfants ressentent alors davantage les inconvénients de tout ce remue-ménage.

Les réactions des enfants sont diversifiées, mais le conflit de loyauté est en général très présent. Certains enfants sont anxieux et agressifs ou ils feignent l'indifférence. D'autres blâment leur mère pour avoir fait éclater la famille et manifestent le goût de vivre avec leur père. D'autres encore ressentent de la culpabilité lorsque la séparation leur est annoncée comme un moyen pour les protéger: « C'est pour ton bien ».

La rupture peut aussi signifier de la joie et du soulagement, comme l'exprime Mélanie, 15 ans: *Je suis vraiment contente d'être maintenant en appartement avec ma mère et mon frère. J'étais tout simplement plus capable d'endurer les crises de mon père. C'était comme ça depuis que j'étais toute petite, on ne savait jamais quand une chicane était pour exploser. Je souhaitais que ma mère se sépare, ça lui a pris du temps mais c'est fait et je ne veux plus voir mon père.*

Parfois, les enfants apprécient aussi le climat familial plus calme depuis la rupture, un peu comme Simon, 10 ans, qui habite en logement avec sa mère et son frère : *Depuis que papa est parti, on a changé. On n'entend plus crier, on n'entend plus sacrer, on n'entend plus rien. On entend juste le silence. Ça va très bien.*

D'autres jeunes comme Marc-Antoine, 13 ans, et Virginie, 11 ans, expriment leur satisfaction quant au comportement plus positif de leur père depuis la séparation : *Maintenant il s'occupe de nous autres, il fait même la cuisine. Il est plus de bonne humeur. On le voit presque à toutes les fins de semaine.*

Dans d'autres situations post-rupture, la détente est de courte durée et même inexistante. Les accrochages se produisent maintenant au téléphone (harcèlement, menaces, chantage émotif), ou lors des visites de l'enfant chez son père et au retour chez sa mère (cris, bousculade, reproches mutuels). Même les droits d'accès supervisés ne sont pas toujours bien respectés et les menaces d'enlèvement et les enlèvements d'enfants sont aussi de tristes réalités qui affectent profondément les victimes.

... mais j'aime aussi mon papa !

Comme nous le mentionnions précédemment, la rupture du couple ne signifie pas toujours qu'il y a arrêt de la violence. La séparation ne veut pas dire non plus que l'ex-conjoint violent, **en tant que parent**, disparaît ou doit disparaître de la vie de l'enfant. Dans les situations de violence conjugale qui perdurent après la rupture, la délicate question du maintien de la relation de l'enfant avec son père revêt un caractère particulièrement névralgique. **Elle ne peut et ne doit pas être considérée et traitée comme les situations habituelles de séparation ou de divorce**. Aux notions de besoins et d'intérêt des enfants, et de droits et de responsabilités des parents, doivent se juxtaposer des principes de sécurité et de protection pour les enfants et les mères.

Comme nous le verrons dans le chapitre suivant, le fait d'être exposés à la violence conjugale comporte de multiples et graves conséquences pour les enfants. D'une part, qu'advient-il du développement de l'enfant si le père, en obtenant la garde partagée ou tout autre type de garde, réalise ainsi son objectif secret de garder le contrôle sur son ex-conjointe ? D'autre part, quelles répercussions peuvent avoir sur l'enfant, garçon ou fille, la privation temporaire ou à long terme d'un lien avec son père ? C'est à ce dilemme que sont confrontés non seulement les mères, mais également les intervenants sociaux et juridiques aux prises avec des situations de violence conjugale toujours actives, qui persistent dans le temps.

Avant de statuer, ces intervenants doivent prendre en considération la complexité du problème de violence conjugale, son potentiel de dangerosité et les particularités propres à chacune des situations.

L'enfant manifeste-t-il le désir de maintenir sa relation avec son père ?

Bien sûr, il faut tenir compte de l'âge de l'enfant. En bas âge, un enfant peut difficilement faire valoir son opinion sur ce sujet. **On doit donc s'attarder à évaluer avec beaucoup de circonspection tant le parent que le type de garde (incluant les modalités d'accès) les plus susceptibles de répondre aux besoins de base physiques, affectifs et psychologiques de l'enfant et ce, dans un environnement sain et sécuritaire**. Ces éléments devraient aussi être considérés attentivement dans les décisions prises pour les enfants de moins de 14 ans, tout en tenant compte de leur autonomie qui se développe. Les dilemmes affectifs vécus lorsque la famille vivait ensemble et lors des ruptures temporaires peuvent amener le jeune enfant de 4 ou 5 ans, et même les plus âgés, à tenir un discours ambivalent : « J'ai envie de voir papa… mais j'ai peur d'aller seul dans sa nouvelle maison pour toute une fin de semaine»; «j'ai peur de papa... mais je l'aime.»

Il est donc important d'être à l'écoute de l'enfant afin de comprendre ce qu'il ressent et de l'aider à démêler les faits et les émotions vécus de ceux qu'il appréhende. Cependant, un enfant ne devrait en aucun cas porter le poids de la décision du type de lien qui sera maintenu ou non avec son père. De plus, il est préjudiciable pour l'enfant que ses parents, voulant influencer les décisions à prendre, utilisent ses propos du genre: «Je ne veux plus voir mon père» ou «Ma mère est juste une conne, je veux rester avec mon père.» N'oublions pas que l'enfant est souvent comme une éponge, absorbant les paroles qu'il entend des deux personnes qui exercent sur lui la plus grande influence, ses parents.

Pour les adolescents de 14 ans et plus, la situation est quelque peu différente. Leur développement et leur degré d'autonomie permettent de croire qu'ils sont plus en mesure d'assurer leur sécurité et de faire valoir leurs opinions quant aux liens parentaux qu'ils souhaitent maintenir. Naturellement, ils peuvent avoir besoin de soutien pour guider leur choix.

Ce désir est-il réciproque?
Le cas échéant, pour quelles raisons?

Voilà un élément tout aussi déterminant. Quelle est l'opinion du père à cet égard? Des pères manifestent spontanément le désir de maintenir des liens avec leurs enfants alors que d'autres n'abordent cette préoccupation que tardivement dans le processus. Pour certains, l'engagement paternel était déjà bien établi avant la rupture et le désir de le maintenir représente une continuité dans la relation. Pour d'autres, l'engagement semble émerger de la situation et de l'éventualité de diminuer la fréquence des contacts avec l'enfant. Il est donc légitime de se questionner sur le sens à donner à tout changement soudain.

Le maintien du lien père-enfant est-il le résultat d'un attachement sincère et profond envers l'enfant ou est-il l'occasion de continuer à exercer un contrôle détourné sur l'ex-conjointe ?

Outre les considérations liées à la nature du désir paternel de maintenir un lien avec son enfant, il faut aussi évaluer certains aspects ayant trait à ses compétences parentales. Quelles aptitudes parentales le père se reconnaît-il ? De quelle façon se sont-elles manifestées antérieurement dans le quotidien de l'enfant ? En cas de lacunes constatées dans ses habiletés parentales, le père se montre-t-il réellement intéressé à recevoir de l'aide professionnelle afin de développer des compétences plus satisfaisantes ?

Ces questions d'ordre affectif et éducatif méritent une réflexion minutieuse. Elles ont pour but de s'assurer que le développement de l'enfant n'est pas compromis pour un enjeu dissimulé et dont le jeune ferait les frais.

L'ex-conjoint violent a-t-il entrepris des démarches sincères afin d'amorcer l'arrêt de sa violence ?

Il est essentiel de reconnaître socialement l'importance et la signification que revêt la présence d'un père auprès d'un enfant et de l'encourager pleinement. Cependant, il faut aussi reconnaître que le développement d'un enfant ne peut se faire de façon harmonieuse si le père en question a des comportements violents à l'endroit de la mère de cet enfant et ce, que le couple soit ensemble ou séparé. La coparentalité, c'est-à-dire la coopération des ex-conjoints dans l'exercice de leurs rôles parentaux, est contre-indiquée en contexte de violence physique, psychologique ou d'hostilité entre les parents. Cela ne signifie pas que l'enfant ne puisse pas maintenir un lien avec son père, mais cela veut dire plutôt que d'autres modalités de contact père-enfant doivent être considérées[27].

27. R. Cloutier, L. Filion et H. Timmermans, *op. cit.*

Des ressources existent afin d'accueillir, d'écouter et d'aider les hommes qui souhaitent vraiment mettre un terme au cycle de la violence qui les lie à leur conjointe ou ex-conjointe. Le conjoint violent, qu'il cohabite ou non avec la mère de son enfant, a tout avantage à consulter et à vraiment s'investir dans un processus de transformation. La non-violence devient l'objectif à atteindre, le plus beau cadeau à offrir à son enfant.

Le conjoint ou l'ex-conjoint violent est-il un père violent ?

Pour évaluer la pertinence de maintenir un lien entre l'enfant et son père, il y a un élément incontournable dont il faut tenir compte : il s'agit des mauvais traitements physiques ou psychologiques (ou les deux) que le père a fait subir directement à son enfant. Être un conjoint violent ne signifie pas systématiquement être un père violent ; mais malheureusement, la présence des deux problèmes existe. Repensons à la coexistence de la violence conjugale et familiale (voir page 37). Pour évaluer les conditions du maintien du lien père-enfant, il est essentiel de s'assurer que l'enfant ne continuera pas à subir cette double victimisation. Ce constat met en relief toute l'importance pour l'homme ayant des comportements violents de s'investir dans une thérapie afin de cesser l'exercice de la violence.

Quels sentiments et attitudes la mère doit-elle adopter face au maintien de la relation père-enfant ?

Précisons d'abord que les mères ont un rôle à jouer et plus qu'un mot à dire dans la reconnaissance du maintien de la relation père-enfant, ne serait-ce que parce que ce sont souvent elles qui restent dans la vie de l'enfant lorsque survient la rupture. La relation conjugale ayant été entachée par d'innombrables bris de confiance et abus de pouvoir, il est prévisible et normal que les femmes soient sur la défensive quand on aborde la question de la garde des enfants. Assez souvent, les femmes craignent pour leur vie et pour celle des enfants, et elles voudraient se voir au bout du monde, sans contact avec l'ex-conjoint. Elles se culpabilisent d'avoir donné ce « type de père » à leurs enfants, et elles se blâment de la violence subie. Les demandes des enfants à l'endroit de leur père (« Je veux voir papa, je m'ennuie », « Je veux rester chez papa, lui il me gâte »), créent aussi chez elles un état d'ambivalence et même d'anxiété. De plus, elles vivent beaucoup d'incertitude quant à la possibilité d'un changement réel chez leur ex-conjoint qui a entrepris une thérapie. Dans certains cas, leur méfiance, leur colère et leur ressentiment brouillent leur capacité d'évaluer les habiletés parentales du père. Dans de telles situations, une aide extérieure leur permet de choisir la solution la plus susceptible d'assurer les besoins et la sécurité de leur enfant.

Ce soutien professionnel est encore plus nécessaire lorsque des femmes victimes de violence conjugale croient, à tort, que leur ex-conjoint et père de l'enfant perd ses droits parentaux en raison de son comportement violent. Elles vivent souvent des réactions de peur, de colère, d'incrédulité et d'impuissance quand on leur fait connaître les dispositions du Code civil concernant l'autorité parentale. En effet, au Québec, l'article 18 du Code civil stipule que l'autorité parentale est constituée d'un ensemble de droits et de devoirs qu'ont les parents ou leurs substituts à l'égard de l'enfant, habituellement jusqu'à sa majorité. Il n'y a exception à cette disposition que lorsque le parent est déchu légalement de son autorité parentale ou lors de certains jugements légaux. Dans les situations habituelles de rupture, les parents s'accommodent relativement bien de ces dispositions légales, tandis que chez les mères victimes de violence conjugale, ces mêmes dispositions accentuent les sentiments de victimisation et d'injustice.

Dans quel état l'enfant revient-il des séjours chez son père ?

Dans un contexte de séparation, même idéal, les enfants réagissent lors des séjours chez l'un et l'autre des parents. Ces manifestations sont normales. Elles s'atténuent et même disparaissent avec le temps... surtout s'il existe une bonne entente parentale entre les ex-conjoints. Cependant, elles peuvent aussi ressurgir lors d'un changement significatif dans l'organisation de vie de l'enfant, par exemple une recomposition familiale.

Ces réactions sont plus intenses et alarmantes dans les situations de rupture où la violence conjugale a sévi et est encore présente. La mère et, le cas échéant, les intervenants concernés doivent être très vigilants par rapport aux manifestations qui découlent des contacts père-enfant.

L'enfant est-il triste, apeuré, tendu et même agressif avant de partir pour un séjour chez son père et lorsqu'il en revient ? Au retour, exprime-t-il des propos de blâme ou de dénigrement qui s'apparentent à ceux que l'ex-conjoint tenait régulièrement à sa conjointe lorsqu'ils faisaient vie commune ? A-t-il la permission de parler des activités qu'il a fait chez son père ou peut-on percevoir qu'il s'est vu imposer le bâillon ? Ici encore, la mère a un grand rôle à jouer. Elle doit être attentive au comportement de son enfant lorsque vient le moment du départ chez son père ainsi qu'au retour. Elle peut également poser des questions à l'enfant, autant que possible sans être intrusive (ne pas jouer au détective), et en respectant l'intimité de la relation père-enfant. Elle peut demander par exemple : « Est-ce que tu t'es bien amusé chez papa ? » ou « As-tu hâte de revoir papa la semaine prochaine ? » Il peut s'avérer difficile de départager les conséquences de la séparation de celles qui sont attribuables au maintien de la relation père-enfant ; et cela l'est davantage pour la mère, qui est à la fois juge et partie. Afin d'objectiver la situation et d'être guidée dans ses interventions auprès de l'enfant, la mère gagne à faire appel à de l'aide professionnelle. Les opinions des éducatrices en milieu de garde et des enseignants peuvent être aussi très précieuses.

En bref

Les enfants exposés à la violence conjugale doivent non seulement composer avec la tension générée par une telle dynamique, mais également s'adapter à de nombreuses circonstances stressantes.

- L'intervention policière qui, dans certains cas, s'avère essentielle pour assurer la sécurité de la mère et celle de l'enfant, provoque chez ce dernier à la fois des réactions de soulagement, de confusion et d'appréhension.
- L'hébergement dans un milieu sécuritaire, même de façon temporaire, ravive parfois le conflit de loyauté de l'enfant et exige beaucoup d'adaptation de sa part. Cette adaptation varie en fonction de facteurs comme l'âge de l'enfant, sa préparation au séjour en maison d'aide et d'hébergement, l'état de santé de sa mère, les circonstances du départ et le soutien offert à la suite du départ. Toutefois, il est à noter que la plupart des enfants éprouvent également un certain soulagement à l'idée de ne plus vivre dans le climat de tension et de terreur qu'ils ont connu.
- Le retour à la maison, avec son cortège d'appréhensions et d'interrogations, représente un stress pour les enfants. Leur mère doit être attentive à leurs opinions et leurs émotions ; de plus, ils ne doivent en aucun cas porter le poids d'une décision qui appartient à la maman.
- La séparation du couple, même lorsqu'elle s'impose, est source d'anxiété et d'ambivalence. Elle ravive une fois de

plus le conflit de loyauté chez l'enfant exposé à la violence conjugale. La rupture ne garantit en rien l'arrêt de la violence et peut même l'exacerber dans certaines situations ; par ailleurs, la mère et l'enfant qui demeurent dans une situation où l'exercice de la violence est devenu la norme vivent des risques importants.

- Dans les situations de rupture où la violence conjugale persiste, le maintien du lien père-enfant devient un enjeu fort délicat. En raison de la complexité de la violence conjugale et du danger qu'elles comportent, ces situations ne peuvent et ne doivent pas être considérées et traitées comme dans les cas habituels de séparation et de divorce. La sécurité et la protection des enfants et des mères doivent être évaluées très minutieusement avant de statuer sur les droits de garde et d'accès aux enfants. La coparentalité est contre-indiquée en contexte de violence physique et psychologique ou d'hostilité entre les parents.

CHAPITRE 3

LES CONTRECOUPS DE L'EXPOSITION À LA VIOLENCE CONJUGALE

▼

Quand papa et maman se chicanaient très très fort, j'étouffais, je manquais d'air. Je voulais mourir puis en même temps je voulais pas... je me sentais comme dans une guerre.

Alexandra, 12 ans.

Face à la violence conjugale, les enfants réagissent à court, à moyen et à long terme. Le fait d'être exposé à cette violence provoque des problèmes de santé, particulièrement sur le plan psychologique. Ce constat, bien que désolant, n'a rien de surprenant. Qui ne ressentirait pas d'effets à vivre dans un climat aussi malsain ? Pourtant, ce n'est que depuis peu que l'on reconnaît les conséquences de l'exposition à la violence conjugale. Les réactions sont d'ordre physique, affectif, comportemental, cognitif et académique. Une autre conséquence majeure, récemment mise en lumière, est le syndrome de stress post-traumatique qui touche une forte proportion d'enfants exposés. Heureusement, on commence aussi à connaître les facteurs de protection des enfants (ou leur bouclier). Ces nouvelles données laissent entrevoir des perspectives intéressantes quant à l'atténuation des effets, chez les enfants, de l'exposition à la violence conjugale.

Nous souhaitons présenter ici une synthèse des principales réactions des enfants exposés. À titre indicatif et non restrictif, nous précisons la catégorie d'âge où l'on retrouve ces manifestations. De plus, nous abordons les facteurs qui influencent les réactions des jeunes et les éléments qui les aident à trouver (et à retrouver) une certaine zone de confort malgré l'adversité[28].

J'ai mal au cœur... moi au ventre

Chez les enfants de 0 à 5 ans, et même chez les plus âgés, il est fréquent de constater que l'exposition à la violence conjugale provoque des réactions physiques. Naturellement ces problèmes ne se retrouvent pas tous chez le même enfant et leur intensité varie. Voici les principales conséquences observées:

---

28. Le contenu de ce chapitre s'enrichit des travaux des auteurs suivants:

L. Chénard «... et les enfants». In *Violence conjugale*. Recherches sur la violence faite aux femmes en milieu conjugal. Boucherville: Gaëtan Morin Éditeur, 1994.

R. Boutin. *Mon père me fait peur. Vécu des enfants exposés à la violence conjugale*. Québec: Éditions Deslandes, 1998.

G. Beaudoin, I. Côté *et al.* «L'intervention de groupe au service des enfants exposés à la violence conjugale» Montréal: *Intervention* 107 1998.

C. Bourassa. «La relation entre la violence conjugale et les troubles de comportement à l'adolescence: les effets médiateurs des relations avec les parents». *Revue Service social* 50 (1) 2003.

D. Destrempes-Marquez et L. Lafleur *Les troubles d'apprentissage: comprendre et intervenir*. Montréal: Éditions de l'Hôpital Sainte-Justine, 1999.

A. Fortin *et al.* Les enfants témoins de violence conjugale: analyse des facteurs de protection. CRI-VIFF, coll. *Études et Analyses*. 2000 (13).

P. Lehmann. «The development of Postraumatic Stress Disorder (PTSD) in a sample child witnesses to mother assault». *Journal of Family Violence* 1997.

G. Lessard et F. Paradis. *Op. cit.*

M. Sudermann et P. Jaffe. *Op. cit.*

TABLEAU 4
RÉACTIONS PHYSIQUES DE L'ENFANT

Réactions physiques	**Âge de l'enfant**
• Retards de croissance	0 à 2 ans
• Troubles de l'alimentation	0 à 2 ans
• Troubles du sommeil	0 à 2 ans
• Cauchemars	2 à 4 ans et même chez les plus âgés
• Énurésie	2 à 4 ans et même chez les plus âgés
• Problèmes de peau	0 à 17 ans
• Allergies, réactions plus fortes et plus nombreuses	0 à 17 ans
• Déclenchement de crises d'asthme, aggravation de l'état asthmatique	0 à 17 ans
• Plaintes somatiques : maux de tête, de cœur, de ventre	2 à 17 ans

Atteintes à l'intégrité physique de l'enfant	**Âge de l'enfant**
• Blessures lors de l'agression dirigée contre la mère	0 à 17 ans
• Victimisation directe : abus physiques, sexuels, négligence parentale	0 à 17 ans
• Décès par homicide	0 à 17 ans

De plus, les enfants exposés à la violence conjugale sont plus souvent que les autres victimes d'accidents, à la maison ou à l'extérieur, qui restreignent leurs activités normales. Est-ce dû à un manque de surveillance parentale ou à une mauvaise qualité de l'encadrement ? Il faudrait faire une recherche sur les facteurs pouvant vraiment expliquer cette vulnérabilité plus grande aux accidents avec blessures, parfois graves.

Laissons maintenant Lucie, maman de Léo (18 mois) et séparée depuis quatre mois, nous raconter comment son bébé réagissait aux crises conjugales: *Léo se réveillait à tout coup, en pleurant, quand il entendait mes cris et ceux de Stéphane, son père. Celui-ci faisait aussi claquer les portes et il donnait des coups dans les murs pour m'effrayer. Léo se mettait à hurler et il pleurait davantage. Quand c'était fini et que son père était parti pour une « virée », je le berçais pour le rassurer et me rassurer en même temps. Léo tremblait comme une feuille et mettait des heures à se rendormir. Son sommeil était agité et il se réveillait souvent. Ses réactions pouvaient durer jusqu'à trois ou quatre jours après l'incident. En plus, Léo avait des vomissements et des diarrhées lorsque Stéphane avait brassé pas mal son petit lit pour qu'il se taise. J'espère qu'il ne restera pas marqué par tout cela.*

Le petit Léo n'est pas le seul à réagir ainsi à la violence conjugale et à l'abus dirigé contre lui. Impuissant, il manifeste son insécurité et sa peur par des symptômes physiques, des pleurs et des cris. Soulignons aussi comment les explosions de violence qui se produisent souvent à l'heure du souper sont stressantes pour les enfants. Ceux-ci réagissent en mangeant très peu ou en engouffrant leur repas, la gorge nouée. On observe souvent des nausées et des maux de tête pendant la nuit et le lendemain à l'école ou dans le milieu de garde. La répétition de ces symptômes doit interpeller les personnes qui gravitent autour des jeunes.

Des émotions à fleur d'âme

L'autre jour, j'ai dit à ma blonde:
"Ton gars mange tellement mal,
y'a 11 ans mais il en met partout sur la table
comme si c'était un bébé. Je suis écœuré
de le ramasser, c'est ton gars, éduque-le."
Comme ma blonde ne réagissait pas,
je me suis fâché, puis pas mal à part de ça.
En plus, j'ai attaché une nappe
autour du cou de son gars,
comme une bavette.
Là, ma blonde s'est fâchée à son tour
et on s'est engueulés comme deux imbéciles,
à table, en plein milieu du repas.
C'est certain que le petit a dû sentir
que c'était de sa faute.

Daniel, 38 ans, famille recomposée depuis un an,
participant à un groupe de thérapie.

Les enfants exposés à la violence conjugale sont non seulement les témoins de différentes formes de violence entre leurs parents, mais ils subissent aussi plusieurs événements stressants qui découlent du problème de violence: interventions policières; ruptures ponctuelles liées aux séjours avec leur mère en maison d'aide et d'hébergement; placement parfois nécessaire en famille d'accueil; hospitalisation de leur mère; emprisonnement du père; séparation du couple… Leurs réactions affectives ressemblent à celles des enfants qui vivent d'autres situations stressantes, comme la séparation ou la recomposition, mais elles sont habituellement exacerbées à cause du danger et du cumul de facteurs de stress. Voici les principales émotions que vit l'enfant exposé à la violence conjugale:

TABLEAU 5
RÉACTIONS ÉMOTIVES DE L'ENFANT

Réactions émotives	Âge de l'enfant
• Gémissements, crises ou pleurs excessifs	0 à 4 ans
• Peur et souvent terreur en raison du danger	2 à 12 ans et même chez les plus âgés
• Crainte d'être victime de violence ou abandonné	5 à 12 ans
• Nervosité, anxiété et même angoisse	2 à 17 ans
• Honte	8 à 12 ans et même chez les plus âgés
• Tristesse	5 à 12 ans et même chez les plus âgés
• Culpabilité (sentiment d'être responsable de la violence et de devoir intervenir)	5 à 12 ans et même chez les plus âgés
• Colère, irritabilité	2 à 17 ans
• Impuissance et inquiétude face à l'avenir	5 à 12 ans
• Confusion et ambivalence	5 à 12 ans et même chez les plus âgés
• Conflit de loyauté	5 à 17 ans
• SSPT : syndrome de stress post-traumatique	2 à 17 ans

Chez de nombreux jeunes, plusieurs sentiments peuvent cohabiter. La culpabilité, l'ambivalence, la confusion, l'impuissance se retrouvent dans le témoignage d'Andréanne, 13 ans : *Ma mère me dit souvent que les chicanes ont commencé quand elle était enceinte de moi. Puis après, elle a eu mon frère et ça a continué. Peut-être qu'elle veut me dire que c'est à cause de moi leurs engueulades. Je pense que c'est ça, même si elle me dit que c'est à cause de mon père. Je suis mêlée, bien mêlée. Qu'est-ce que je pourrais faire pour que ça change pour le mieux ?*

Dans les situations de violence conjugale qui sont très intenses et qui durent longtemps, les enfants vivent des réactions associées au syndrome de stress post-traumatique (SSPT)[29]. Le SSPT est un ensemble de réactions puissantes face à un événement stressant, surtout si la vie est menacée. L'enfant réagit aux scènes de violence conjugale par une peur intense, un sentiment d'impuissance ou d'horreur, ou par un comportement désorganisé ou agité. Des critères bien précis permettent de diagnostiquer le syndrome de stress post-traumatique. En voici quelques-uns :

- Événement traumatique constamment revécu (souvenirs répétitifs, cauchemars récurrents autour du même sujet, réactions physiques et psychologiques intenses lorsque l'enfant est soumis à un stimulus rappelant l'événement).
- Diminution marquée de l'intérêt pour des activités significatives ou régression dans les habitudes d'hygiène et dans le langage.
- Hyper-vigilance.
- Difficulté à s'endormir ou à rester endormi.
- Difficulté de concentration.
- Irritabilité ou crise de colère.
- Réactions physiologiques lors de l'exposition à des événements semblables au traumatisme (sueur, pouls accéléré, douleur à la poitrine, etc.).

Bien entendu, avant de conclure qu'un enfant est victime du SSPT, il est nécessaire de bien connaître sa situation et son milieu, et il faut qu'il y ait la présence de plusieurs symptômes. Pour formuler un diagnostic de cette nature, on fait appel à des professionnels de la santé, des médecins généralistes ou des spécialistes sensibilisés à la violence conjugale et aux critères

29. Le SSPT a été récemment ajouté aux problèmes de santé mentale du *Manuel diagnostique et statistique des troubles mentaux (DSM IV)*. 4e éd. Paris : Masson, 1996.

du syndrome de stress post-traumatique. Il est plus facile de formuler un diagnostic et de faire un bon choix de thérapie en mettant en commun les renseignements liés à la situation de violence conjugale. C'est pourquoi il est bon de former des équipes multidisciplinaires réunissant médecin, travailleur social, psychiatre, infirmière, etc.

Pourquoi as-tu frappé Hubert ?

Parmi les contrecoups de l'exposition à la violence conjugale, on remarque certains problèmes de comportement qui se manifestent souvent dès l'âge préscolaire, tant chez les garçons que chez les filles. Actuellement, les résultats des recherches se contredisent quant à l'influence de l'âge et du sexe de l'enfant sur les troubles extériorisés (actes de délinquance, consommation de drogues et d'alcool) et ceux intériorisés (dépression, retrait social).

Voici les principales réactions comportementales observées chez les jeunes exposés à un contexte de violence conjugale :

TABLEAU 6
PROBLÈMES EXTÉRIORISÉS

Problèmes extériorisés	**Âge de l'enfant**
• Cruauté envers les animaux	2 à 4 ans et même chez les plus âgés
• Agressivité envers les compagnons, les frères et sœurs et, parfois, envers les parents et les autres adultes	2 à 12 ans
• Destruction de biens	2 à 12 ans
• Comportement de séduction, de manipulation ou d'opposition	5 à 12 ans et même chez les plus âgés

Problèmes extériorisés (suite)	**Âge de l'enfant**
• Crainte d'amener des amis à la maison	5 à 12 ans et même chez les plus âgés
• Conceptions stéréotypées du rôle des hommes et des femmes	5 à 17 ans
• Manque de respect des garçons à l'égard des femmes	5 à 17 ans
• Brutalité envers les frères et sœurs, les copains, les parents et les autres adultes	12 à 17 ans
• Violence dans les relations amoureuses	12 à 17 ans
• Abus de drogues, d'alcool	12 à 17 ans
• Problèmes de relation avec les parents	12 à 17 ans
• Fugue	12 à 17 ans
• Prostitution	12 à 17 ans
• Grossesse à l'adolescence	12 à 17 ans

TABLEAU 7
PROBLÈMES INTÉRIORISÉS

Problèmes intériorisés	**Âge de l'enfant**
• Crainte de la noirceur	2 à 4 ans et même chez les plus âgés
• Dépendance exagérée face à la mère	2 à 4 ans et même chez les plus âgés
• Embarras, timidité	5 à 12 ans
• Manque d'estime de soi	5 à 17 ans
• Idées suicidaires	12 à 17 ans et même chez les plus jeunes
• Tentatives de suicide	12 à 17 ans et même chez les plus jeunes
• Suicide	12 à 17 ans

Tous les problèmes de comportement de ces jeunes, qu'ils soient tournés contre eux-mêmes ou dirigés vers les autres, indiquent beaucoup d'inconfort et de souffrance. Damien, 10 ans, ne sait que répondre (il sait surtout ce qu'il ne doit pas dire) quand son professeur lui demande: *Pourquoi as-tu frappé Hubert?* C'est la même question qu'on lui a posée lorsqu'il a battu et injurié Amélie et Jasmin la semaine dernière ou il y a deux semaines; il ne s'en souvient pas trop. Les enfants qui se chamaillent et même se bagarrent souvent avec leurs compagnons dans leur milieu de garde ou à l'école vivent souvent un climat de forte tension à la maison. Ils s'en libèrent en agressant les autres, répétant le modèle d'abus qui leur est familier. D'autres comme Sophie, 5 ans, qui arrache les poils de son petit chat, ou Florence, 11 ans, qui s'isole de plus en plus, suggèrent par leur comportement que ça ne va vraiment pas bien entre papa et maman.

Il y a aussi Marco, 14 ans, qui se bat avec son beau-père parce que celui-ci, après avoir consommé de l'alcool, agresse sa mère. Marco a aussi commencé à boire de la bière en cachette et à fumer quelques joints. D'autre part, qu'est-ce que Caroline, 15 ans, va retirer de sa relation amoureuse avec Stéphane, 17 ans? Il exige de sa part, après trois semaines de fréquentation, qu'aucun autre gars ne lui parle ou ne la regarde sinon, dit-il, il la laissera comme il a quitté Mélanie. Pour Caroline, c'est le paradis, c'est son premier amour. Ses parents se chicanent tout le temps, son père la traite de tous les noms, elle a terriblement hâte de partir de chez elle. Elle est déjà prête à tout abandonner pour Stéphane, même à cesser de parler à ses amies. Elle est loin de s'apercevoir que le contrôle qu'elle vit avec Stéphane, c'est tout le contraire de l'amour.

J'ai oublié de faire mes devoirs

Lorsqu'un enfant grandit dans un contexte de violence conjugale, son développement cognitif, son fonctionnement et son rendement scolaire en sont affectés. Les retards de développement chez les enfants d'âge préscolaire se traduisent souvent par de la vulnérabilité une fois qu'ils entrent à l'école. Voici les principaux problèmes, aux plans cognitif et scolaire, des enfants aux prises avec de la violence conjugale :

TABLEAU 8
PROBLÈMES COGNITIFS ET SCOLAIRES

Problèmes	**Âge de l'enfant**
• Inattention	0 à 2 ans
• Déficience des habiletés verbales, intellectuelles ou motrices	2 à 4 ans
• Problèmes dans les apprentissages scolaires	5 à 12 ans et même chez les plus âgés
• Mauvais résultats scolaires	5 à 12 ans
• Redoublement d'année	5 à 12 ans
• Difficultés de concentration	5 à 12 ans et même chez les plus âgés
• Baisse soudaine des résultats scolaires	12 à 17 ans
• Absentéisme scolaire	7 à 12 ans et même chez les plus âgés
• Pratique de l'école buissonnière	12 à 17 ans
• Décrochage scolaire	12 à 17 ans

Au cours d'interventions auprès de ces enfants, on découvre que certains manquent l'école et le milieu de garde parce que leur mère a été violentée la veille par son conjoint. Les enfants sont trop secoués par l'événement ou ils se donnent le mandat (ou on leur donne ce mandat : père ou beau-père) de prendre soin de leur mère, de veiller sur elle et sur le petit frère de 3 ou 4 ans. Et surtout, que personne n'apprenne ce qui s'est réellement passé, sinon... D'autres ne vont pas en classe parce qu'ils ont été blessés pendant l'altercation. Ils évoquent différentes raisons pour justifier leur absence: rhume, mauvaise chute, indigestion, gastro-entérite, décès dans la famille. La fréquence et le motif de ces absences constituent des indices importants quant à l'hypothèse d'un problème sérieux à la maison. L'enfant n'en parlera pas spontanément; là encore la consigne du secret sur la violence est impérative. Dans d'autres situations, des jeunes arrivent endormis et en retard à leurs cours et dans leurs milieux de garde parce qu'une violente dispute entre leurs parents a duré toute la nuit et qu'ils n'ont pas fermé l'œil. Dans de telles circonstances, ils n'apprennent pas leurs leçons et ne font pas leurs devoirs, ou les font à moitié, car la maison a été un champ de bataille ou parce que la police est intervenue. La fameuse excuse «J'ai oublié de faire mes devoirs» est bien plus de l'ordre du camouflage que de la réalité.

Pas surprenant que les notes soient en chute libre, que la motivation baisse, que l'attention soit déficiente et l'énergie fluctuante. L'enfant est trop touché par le problème de violence à la maison pour s'intéresser vraiment à l'école. Si le climat familial ne s'assainit pas, il est fort possible que ses difficultés scolaires s'accentuent à l'adolescence. Les jeunes optent alors pour l'école buissonnière et ils finissent par décrocher.

Votre enfant est-il vraiment hyperactif?

Le comportement de Ludovic, 7 ans, que ses camarades en classe surnomment «Luno le nono», parce qu'il est souvent dans la lune et qu'il ne sait jamais les réponses, inquiète de plus en plus Ginette, son enseignante. Ses interventions à son endroit ne donnent aucun résultat, punitions comme récompenses. Ginette craint qu'il devienne la risée de tous les autres élèves et qu'il redouble sa deuxième année. Déjà, l'année précédente, au dernier trimestre, la titulaire avait remarqué que l'enfant était moins attentif et réussissait moins bien. Ginette veut rencontrer les parents de Ludovic pour leur suggérer de lui faire voir un médecin de famille et même un pédopsychiatre. Vont-ils venir ? Elle n'a pas souvent de réponses aux notes écrites qu'elle leur envoie pour leur parler du comportement de leur fils. Elle croit que Ludovic souffre d'un trouble d'apprentissage, d'un déficit de l'attention. Si Ginette pouvait visiter l'univers lunaire de Ludovic, elle verrait la nature des préoccupations de l'enfant : chicanes continuelles entre ses parents, meubles et bibelots brisés, gros mots, pleurs et cris. Il y a même un fusil…

Dans l'ensemble des problèmes présents chez les enfants exposés à la violence conjugale, on fait état du SSPT. Le SSPT, comme nous l'avons déjà mentionné, comporte des symptômes affectifs, physiques et comportementaux. On retrouve entre autres une grande diminution de l'intérêt pour des activités significatives ainsi que des difficultés de concentration. Le SSPT dont souffrent certains enfants exposés à la violence conjugale, comme le petit Ludovic, a donc des caractéristiques qui s'apparentent à celles du trouble déficitaire de l'attention, avec ou sans hyperactivité (TDA/H).

Le tableau 9, élaboré par les chercheurs Sudermann et Jaffe, donne quelques exemples de critères de diagnostic communs aux deux problèmes :

TABLEAU 9
TDA/H SSPT

TDA/H	SSPT
• L'enfant éprouve souvent de la difficulté à maintenir son attention lorsqu'il exécute une tâche ou lorsqu'il joue.	• L'enfant a de la difficulté à se concentrer.
• Souvent, il ne parvient pas à faire très attention aux détails et il commet des fautes d'inattention à l'école, au travail ou dans d'autres activités.	• Lors d'activités importantes, l'intérêt ou la participation de l'enfant est nettement réduit.
• Souvent, il ne donne pas suite aux instructions. Il se montre souvent oublieux dans les activités quotidiennes.	• L'enfant manifeste des trous de mémoire au sujet de la violence.

Les professionnels de la santé et des services psychosociaux doivent développer une grande sensibilité aux effets de la violence conjugale sur les enfants. Ainsi, ils seront plus en mesure de reconnaître certaines similitudes entre les symptômes du stress post-traumatique et ceux du trouble de l'attention. Même s'il s'agit d'un sujet très délicat, il faut oser questionner la qualité du climat familial de l'enfant afin de faire le bon diagnostic et d'établir le plan d'intervention approprié. Le petit Ludovic n'a sans doute pas besoin d'une prescription de Ritalin®[30], mais plutôt d'une intervention qui mettrait fin à la violence entre ses parents.

30. Ritalin®: nom commercialisé du méthylphénidate, médicament le plus utilisé pour contrer les symptômes du TDA/H.

Ce qui influence les réactions des enfants

Le résilient, c'est la perle de l'huître.
Un grain de sable entre dans l'huître et donc, l'huître est malade.
Elle se défend contre cette agression en sécrétant du nacre,
plus elle fait une œuvre d'art et moins elle souffre.

Boris Cyrulnik,
neuropsychiatre et éthologue[31].

Chaque enfant est unique. Il en est de même de sa manière de réagir à un événement heureux ou à une situation désagréable ou dangereuse. Ses réactions et son adaptation sont influencées par divers éléments de vulnérabilité ou de protection. On évoque aussi la résilience de certains jeunes qui, dans un contexte à risque élevé, réussissent quand même à bien fonctionner dans plusieurs sphères de leur vie. Ces constatations prennent tout leurs sens lorsqu'on les associe à un traumatisme comme celui d'un enfant exposé à la violence qui s'exerce entre ses parents.

Dans les situations d'abus, on distingue habituellement trois catégories de facteurs de vulnérabilité et de protection. La première catégorie est liée aux caractéristiques de l'enfant et la deuxième, à celles de la famille ; quant à la troisième catégorie, elle se rapporte aux caractéristiques de l'environnement. Précisons que la présence d'un seul facteur de vulnérabilité a une incidence plutôt faible sur le développement de l'enfant. Ce qui porte vraiment préjudice à l'évolution de l'enfant, c'est le cumul de facteurs de vulnérabilité combinés à l'absence ou au peu de présence de facteurs de protection.

---

31. Boris Cyrulnik a fait cette métaphore lors de l'émission *Chasseur d'idées*, diffusée sur les ondes de Télé-Québec en mai 2001. M. Cyrulnik a fait ce commentaire à propos de son livre : *Un merveilleux malheur*.

Les facteurs de vulnérabilité

Le tableau 10 propose une synthèse des principaux facteurs de vulnérabilité qu'on associe à l'enfant exposé à la violence conjugale.

TABLEAU 10
FACTEURS DE VULNÉRABILITÉ

Caractéristiques liées à l'enfant	
Sexe	**Filles :** plus grande propension aux troubles intériorisés. **Garçons :** plus grande propension aux troubles extériorisés. Les différences de réactions selon le sexe tendent à s'amoindrir à l'adolescence.
Âge	**0-4 ans :** plus grande vulnérabilité car plus dépendant et plus isolé, surtout s'il ne fréquente pas un milieu de garde ou une autre ressource extérieure susceptible de dépister la violence.
Tempérament	• Présence de traits de personnalité qui augmentent la vulnérabilité de l'enfant : • anxiété • insécurité • introversion • difficulté à s'exprimer verbalement • déficit dans les habiletés sociales • habiletés intellectuelles restreintes
Caractéristiques liées à la famille	
Facteurs de violence	• La fréquence et l'intensité de l'exposition à la violence conjugale. • La persistance de la violence conjugale pendant la vie commune.

	• La coexistence de la violence conjugale et familiale. • La persistance de la violence malgré la rupture.
Facteurs familiaux	• Enfant pris à partie dans les conflits conjugaux. • Changements stressants vécus par l'enfant (déménagements, changements d'école, etc.). • Famille au statut socio-économique précaire.
Facteurs parentaux	• Problèmes de santé mentale du ou des parents. • Passé de mauvais traitements du ou des parents. • Dépendance à l'alcool et aux drogues du ou des parents. • Criminalité du ou des parents. • Faible scolarité du ou des parents.
Caractéristiques liées à l'environnement	
• Faiblesse ou absence d'un réseau social pour l'enfant et sa famille. • Isolement social. • Absence d'un adulte significatif dans l'entourage de l'enfant (exception faite des parents). • Rareté ou absence de ressources de soutien dans la communauté. • Accès limité ou non-accès à des ressources de soutien.	

Les facteurs de protection

Qu'est-ce qui favorise la résilience de l'enfant, c'est-à-dire sa capacité d'adaptation à une situation de violence conjugale ? On trouve la réponse à cette question dans les facteurs de protection qui émergent des mêmes catégories que les facteurs de vulnérabilité, c'est-à-dire les caractéristiques de l'enfant, de sa famille et de son environnement.

Le tableau 11 présente les facteurs de protection que des recherches (peu nombreuses) et des interventions cliniques ont permis d'identifier.

TABLEAU 11
FACTEURS DE PROTECTION

Caractéristiques liées à l'enfant
• Le sentiment de compétence que l'enfant s'accorde dans les relations avec les amis, sur le plan de la conduite et dans les apprentissages scolaires. • Le sentiment de sa valeur personnelle (estime de soi).
Caractéristiques liées à la famille
• L'intensité de la violence conjugale (l'enfant s'adapte plus facilement s'il est exposé moins longtemps et si la violence conjugale n'est pas trop sévère). • Le recours par les parents à de l'aide professionnelle spécialisée en violence conjugale (non pas comme garantie, mais comme filet de sécurité). • La cessation de la violence conjugale. • L'état de santé physique et psychologique de la mère. • Des pratiques parentales positives chez la mère : les conduites maternelles de soutien et de chaleur, la cohérence et la consistance des méthodes éducatives.
Caractéristiques liées à l'environnement
• La présence d'un réseau de soutien social : famille élargie, voisinage, ressources communautaires et institutionnelles. • Un environnement social pro-enfant et préconisant la non-violence.

Le sentiment de compétence que l'enfant s'attribue et qu'on retrouve dans le tableau précédent favorise nettement une diminution des difficultés d'adaptation. L'enfant ne peut développer ce sentiment s'il est seul. Pour ce faire, il a besoin d'établir une relation significative avec un adulte qui l'écoute vraiment et qui l'aide à reconnaître ses propres capacités. Cet adulte peut être un éducateur, un travailleur social, une tante ou un oncle, etc. Ce lien « magique » pour l'enfant peut s'avérer la bougie d'allumage pour qu'il se valorise dans différentes sphères, sportives, intellectuelles ou artistiques. De plus, si l'enfant jouit de certaines caractéristiques de protection dans sa famille et son entourage, il maximisera son adaptation.

Miroir... miroir... que leur réserve l'avenir?

Il y a de quoi s'inquiéter quand on songe au portrait des éventuelles conséquences négatives chez les enfants exposés à la violence conjugale. Pourtant, des enfants réussissent à bien évoluer malgré l'adversité, sans doute en raison des facteurs de protection dont ils jouissent.

Malheureusement, on constate en contrepartie que, dans leurs fréquentations amoureuses, à l'adolescence, des jeunes reproduisent l'agression ou la victimisation qui a marqué leur enfance; cela se répétera plus tard dans leur relation conjugale. Leurs apprentissages inappropriés sur les rôles de l'homme et de la femme ainsi que sur la façon d'établir des relations et de gérer des conflits ont des répercussions dans leur vie d'adulte. C'est ce qu'on qualifie de reproduction intergénérationnelle de la violence.

Même si le fait d'avoir été exposé à la violence conjugale demeure un facteur de risque majeur de reproduction de la violence, on ne doit pas en faire un absolu. Ce serait trop simple et trop triste comme conclusion. Cependant, nous devons tous nous sentir concernés par l'importance d'agir précocement dans la vie des enfants exposés à la violence conjugale afin que leur avenir ne soit pas trop hypothéqué par un climat aussi malsain.

Des programmes de prévention de la violence amoureuse des jeunes (comme VIRAJ, offert aux étudiants de secondaire III) ou encore dans leurs relations interpersonnelles (comme PASSAJ, pour les jeunes de secondaire IV et V) sont des moyens concrets pour contrer la violence. Des campagnes de sensibilisation dans les écoles secondaires et dans les médias, comme celle qui a été mise sur pied en 1999 par le gouvernement du Québec, sont des outils essentiels de prévention qui doivent se prolonger dans le temps. On sait que le slogan de cette campagne « La violence c'est pas toujours frappant mais ça fait toujours mal » a contribué de façon certaine à conscientiser les adolescents et la population en général à la violence psychologique.

Miroir… miroir… tu reflètes de l'espoir !

En bref

L'exposition à la violence conjugale engendre de nombreuses conséquences pour les enfants, et cela à plus d'un point de vue.

- Au point de vue de la santé physique des enfants, plusieurs conséquences peuvent se manifester : retards de croissance, troubles de l'alimentation ou du sommeil, énurésie, somatisation, blessures, etc.
- On observe également des conséquences sur l'équilibre émotif et psychologique des enfants : crises, pleurs, anxiété, peurs, honte, tristesse, culpabilité, colère, impuissance, ambivalence et conflit de loyauté.
- Certains enfants exposés à la violence conjugale ont des réactions qui s'apparentent au syndrome de stress post-traumatique (SSPT) : hyper-vigilance, tendance à revivre

les événements traumatisants dont ils ont été témoins, perte d'intérêt pour leurs activités habituelles, irritabilité, troubles du sommeil, etc.

- Certains enfants souffrant du syndrome de stress post-traumatique vont jusqu'à développer des caractéristiques pouvant être confondues avec le trouble déficitaire de l'attention, qu'il y ait présence ou non d'hyperactivité.
- D'autres enfants développent des troubles de comportement, qu'ils soient extériorisés (cruauté envers les animaux, opposition, agressivité ou violence envers autrui, abus de drogues ou d'alcool, fugue, intégration de rôles stéréotypés hommes-femmes, etc.), ou intériorisés (peurs, dépendance exagérée envers la mère, timidité, faible estime de soi, préoccupations suicidaires, etc.).
- Les enfants exposés à la violence sont également susceptibles d'avoir des problèmes de développement cognitif et scolaire, tant au plan des difficultés d'apprentissage que du fonctionnement (déficience des habiletés, difficultés de concentration, mauvais résultats, absentéisme, décrochage, etc.)

Les réactions des enfants exposés à de la violence conjugale sont marquées par des facteurs de protection et de vulnérabilité qui sont en lien direct avec les caractéristiques de l'enfant, de sa famille et de son environnement. Le sentiment de compétence que l'enfant s'attribue favorise nettement une diminution des difficultés d'adaptation.

CHAPITRE 4

LES ENFANTS EXPOSÉS À LA VIOLENCE CONJUGALE ONT BESOIN D'AIDE

▼

Peu importe le lien qui nous unit à la destinée des enfants exposés à la violence conjugale, nous sommes tous appelés à les aider d'une façon ou d'une autre pour qu'ils sortent de cet engrenage. Que nous soyons parents ou beaux-parents de ces enfants, membres de la famille élargie, voisins, amis ou intervenants, nous portons tous la responsabilité de leur offrir des conditions de vie saines et exemptes de violence.

Comme parent: trois étapes à franchir

On dit souvent que la solution se trouve dans le problème. Cette maxime s'applique à la violence conjugale. Les parents, comme acteurs principaux, peuvent effectivement avoir recours à des moyens pour surmonter leur problème et aider leurs enfants. Parmi les étapes à franchir, ils doivent reconnaître leur problème de violence, choisir d'offrir la non-violence à leur enfant et recourir à des ressources pour y mettre fin.

Reconnaître le problème de violence

Moi, une femme victime de violence conjugale ?
Jamais je n'aurais pensé vivre cela,
car dans ma famille les relations étaient harmonieuses.
Ça m'a pris du temps à m'en rendre compte,
surtout que Bastien ne m'avait jamais frappée.
Cela m'a pris encore plus de temps à en parler.
J'avais honte et il faut dire que moi aussi j'étais devenue
pas mal à pic. C'est plus tard que je me suis aperçue
que les enfants souffraient de ce climat infernal.
Des fois on en reparle…

Lyne, 43 ans,
mère de Maxime, 14 ans, et de Dominique, 10 ans.
Ex-participante à un groupe de thérapie.

La reconnaissance par les parents d'un problème de violence est la clef pour introduire un changement qui aidera l'enfant. Cet énoncé peut sembler une évidence, mais dans les faits c'est loin d'être le cas. D'abord, bien des couples ignorent que leurs nombreuses querelles constituent un cercle vicieux. D'autre part, tant pour la femme qui subit habituellement les agressions que pour l'homme qui les exerce, une multitude de raisons peuvent les amener à se cacher à eux-mêmes et à leurs enfants l'ampleur du problème qu'ils vivent.

Pour une mère qui subit les attaques de son conjoint, reconnaître qu'elle est victime de violence et que ces abus se répercutent sur le bien-être de son enfant peut accentuer son sentiment de culpabilité. N'est-ce pas à elle, selon les valeurs véhiculées, que revient la responsabilité d'assurer un milieu de vie sain à son enfant ? Tant que la violence est dirigée contre elle, elle aime croire que l'enfant est épargné et qu'il est préférable de le laisser hors de « son problème à elle ».

Quant aux pères qui exercent de la violence conjugale, ils sont nombreux à penser que leurs enfants ne sont pas conscients du problème. La plupart démontrent une grande méconnaissance des effets sur leurs enfants de l'exposition aux scènes de violence conjugale, que cette exposition soit directe ou indirecte. Déjà peu portés à reconnaître le problème que représentent leurs agissements envers leur conjointe, les pères évitent d'en parler avec leurs enfants. Certains croient à tort que le fait d'aborder le sujet risque de les perturber davantage; d'autres nient que les comportements violents envers la conjointe puissent toucher leur enfant.

Pourtant, nous savons qu'un changement ne peut se produire sans passer d'abord par une reconnaissance réelle du problème. Et lorsque la violence conjugale se déroule dans une famille où vit un enfant, cette reconnaissance exige de considérer celui-ci comme directement concerné par le problème et ses conséquences. C'est ainsi que l'enfant peut retrouver le droit de ressentir les effets de la violence, en parler et être écouté. Plus préoccupé par ce que vit l'enfant en contrecoup à la violence conjugale, le parent est alors davantage en mesure d'échanger avec lui sur ses perceptions et sur les émotions associées aux événements. Il risque d'être plus porté à poser les actions nécessaires pour sortir de cette dynamique de violence.

Choisir d'offrir la non-violence à son enfant

Mon père, il va se faire aider le mardi soir,
ma mère c'est le lundi. Mais je sais pas où.
Ils parlent, comme on fait toi puis moi.
Y'a bien moins de chicanes qu'avant.
J'espère qu'ils vont pas se séparer et qu'on va aller faire des activités ensemble, qu'on va aller au restaurant sans chicane.

Alexis, 8 ans, à sa travailleuse sociale scolaire.

De façon générale, nous sommes grandement préoccupés, comme parents, par la sécurité et le bien-être de nos enfants. Même lorsque nous traversons des moments difficiles dans notre vie personnelle, conjugale ou familiale, nous tentons de demeurer sensibles à leur qualité de vie, à leur bonheur.

Habituellement, les parents pris dans la tourmente de la violence conjugale ne font pas exception à cette règle. Il leur est cependant difficile d'imaginer la façon de sortir d'un problème qui dure parfois depuis plusieurs années. Certains ont même subi cette situation intenable pendant leur enfance et leur adolescence. Or, avec de la volonté et de l'aide, il est possible d'opter pour un modèle de communication exempt de mépris et de violence, et de retrouver sa dignité.

De nombreux hommes et femmes aux prises avec la violence conjugale soulignent à quel point leur décision de sortir de ce cycle et de demander de l'aide a été influencée par leur désir d'offrir une vie plus saine et épanouissante à leurs enfants. Plusieurs femmes victimes de violence ont entrepris des démarches auprès d'une maison d'aide et d'hébergement, d'un centre de santé ou d'un centre local de services communautaires (CLSC) pour éviter que leurs enfants vivent ce qu'elles-mêmes ont subi depuis des années. Certains conjoints aux comportements violents mentionnent, au moment de l'évaluation et avant de s'engager dans une thérapie de groupe, à quel point leurs craintes de voir leurs enfants reproduire la violence les motivent à vouloir changer.

Tout enfant devrait pouvoir vivre dans un milieu de non-violence. Choisir d'offrir la non-violence à un enfant qui en a été privé est un cadeau précieux. Il ne s'agit pas uniquement d'un investissement pour son bien-être présent, mais aussi d'un placement « à haut rendement » qui rapportera des dividendes dans toutes les sphères de la vie de l'enfant.

Recourir à des ressources pour mettre fin à la violence

J'étais gêné à mort de parler de ce que j'avais fait à ma femme. C'était pire encore que ce que mon père avait fait endurer à ma mère. Je voyais bien aussi que les enfants avaient peur de moi, qu'ils m'en voulaient. Il a fallu qu'un policier me dise: «Attends-tu qu'on t'arrête pour meurtre?» Ça m'a saisi. Puis j'ai téléphoné au numéro qu'il m'avait donné. J'ai fait une thérapie avec des gars comme moi. Je l'ai jamais regretté.

Gilles, 39 ans,
père de Thomas, 9 ans, et d'Élisabeth, 7 ans.

Malgré toute la bonne volonté qui peut inciter une mère ou un père à sortir du cycle de la violence, le recours à des ressources spécialisées est fortement recommandé. Il ne s'agit pas de minimiser le potentiel de changement du parent, mais on ne peut passer sous silence les difficultés liées à ce problème et sa complexité.

Lorsque le cycle de la violence est bien installé, les personnes qui subissent les agressions et celles qui les exercent sont souvent aux prises avec une fausse impression quant au pouvoir qu'elles ont réellement sur l'arrêt de la violence. La victime croit pouvoir enrayer le problème en se changeant elle-même et en influençant l'agresseur. Quant à celui-ci, il est souvent persuadé que l'arrêt de la violence passe inévitablement par la collaboration de la victime qui devrait modifier ses comportements ou ses agissements qu'il considère inadéquats. Une aide extérieure apportée par des intervenants spécialisés leur permet de prendre le recul nécessaire afin de mettre les efforts au bon endroit et d'augmenter les chances de réussir à établir de meilleurs rapports qui amélioreront la qualité de vie des adultes et des enfants.

Cependant, cette démarche exige de bien déterminer la ressource appropriée au besoin de chacun, selon que la personne est victime ou agresseur. Alors que l'intervention auprès des victimes vise à leur redonner du pouvoir sur leur vie en les « dévictimisant » de la violence qu'elles subissent, l'intervention auprès de ceux qui agressent cherche à les conscientiser par rapport à leur responsabilité face à la violence et à sa cessation. C'est pourquoi, dans les cas de violence conjugale, on ne préconise pas le recours à la thérapie conjugale et à la médiation familiale. Ces interventions peuvent même constituer une menace supplémentaire pour les victimes, femmes et enfants.

Précisons cependant qu'avec les victimes de violence conjugale, le danger potentiel ne vient pas des capacités professionnelles du médiateur ou du thérapeute conjugal, mais bien du contexte et de la nature même de l'intervention. À cet effet, nos craintes reposent sur les éléments suivants : la sécurité des victimes, les négociations parallèles ou cachées, le renforcement et la prolongation du mécanisme de contrôle et l'illusion d'un règlement.

En ce qui concerne le premier élément, **la sécurité des victimes**, soulignons que dans une négociation où toutes les concessions peuvent être (et risquent d'être) interprétées comme une perte, des représailles peuvent survenir et se prolonger bien au-delà de la période prévue pour l'intervention. Dans les cas de violence conjugale, l'énoncé selon lequel « tout ce que vous allez dire ou faire pourra être retenu contre vous » n'est pas l'exception, mais bien la règle.

Le deuxième point concerne **les négociations parallèles ou cachées** ; il s'agit d'une caractéristique fréquente dans les cas de violence conjugale, c'est-à-dire une forte distorsion entre les comportements et les attitudes observés en public et ceux reproduits dans la sphère privée. Outre les stratégies d'intimidation ou de menaces voilées visant à influencer les négociations officielles, on ne peut minimiser l'impact de la dynamique installée souvent depuis de nombreuses années entre l'agresseur et la victime. Peut-on, de manière réaliste, espérer que de simples directives concernant le respect mutuel et l'égalité dans le processus d'intervention suffiront à écarter les craintes de la victime dans l'éventualité où elle refuserait une demande de l'ex-conjoint aux comportements violents ?

Le troisième élément a trait **au renforcement et à la prolongation du mécanisme de contrôle**. Pour plusieurs femmes victimes de violence, la décision de rompre avec le conjoint repose d'abord et avant tout sur une décision de rompre avec la violence elle-même. Or, le simple fait de prolonger un lien (même indirect) entre l'agresseur et la victime, par le biais d'une médiation ou d'une thérapie conjugale, implique que la femme continue à transiger dans un climat et un contexte dont elle ne veut plus. Le rapport volontaire comme condition préalable à la médiation ou à la thérapie conjugale ne peut, à lui seul, contourner cette difficulté.

Notre dernier élément est lié à l'**illusion d'un règlement**. Par mesure de protection ou pour acheter la paix, les femmes victimes de violence ont développé l'habileté de laisser croire à leur agresseur (et au thérapeute…) qu'elles sont satisfaites du règlement. En contrepartie, les hommes au comportement violent adoptent une stratégie similaire afin d'atténuer leur sentiment de culpabilité et de regagner la confiance de leur conjointe. Dans un tel contexte, il est permis de croire que l'un ou l'autre risque de sacrifier volontairement l'expression complète de ses besoins au profit d'une sécurité ou d'un mieux-être et au détriment de ce qu'il ou elle pourrait retirer normalement dans un processus équitable de médiation familiale ou en thérapie conjugale.

Par contre, la thérapie conjugale et la médiation familiale peuvent s'avérer utiles ultérieurement, mais seulement si la violence a vraiment cessé.

En outre, le recours à des ressources spécialisées est primordial pour les enfants exposés à la violence conjugale. Ils en bénéficieront pleinement si les parents acceptent qu'ils reçoivent de l'aide et s'ils collaborent avec les ressources. Il peut s'agir d'autoriser l'enfant à rencontrer des professionnels ou de lui permettre de participer à un groupe de soutien. Cela peut aussi signifier la participation mère-enfant ou père-enfant à une intervention thérapeutique pour contrer la violence conjugale et ses effets sur l'enfant.

Comme nous le verrons plus loin, il existe de nombreuses ressources capables d'offrir une aide spécialisée et de qualité aux femmes, aux hommes et aux enfants aux prises avec ce problème.

Comme famille élargie, voisinage et réseau d'amis : ouvrir l'œil, tendre l'oreille et... le cœur

Les tabous entourant le caractère « privé » des familles et des couples ainsi que notre crainte de faire de l'ingérence dans une situation qui nous semble malsaine peut nous freiner dans notre désir d'aider les femmes et les enfants qui subissent de la violence conjugale. Malgré l'unanimité populaire concernant l'importance d'assurer la sécurité des enfants, chacun peut se poser les questions suivantes : suis-je toujours attentif aux indices et aux signaux d'alarme que ceux-ci me transmettent ? suis-je capable d'aider l'enfant sans juger ses parents ?

Mon « décodeur » fonctionne-t-il bien ?

Grand-maman Rachel raconte...

Je le sentais que ça ne tournait pas rond entre Frédéric, mon gendre, et Valérie, ma fille, même s'ils habitaient à plus de 200 kilomètres. Ils ont eu trois enfants en cinq ans mais, dès la première grossesse, Valérie a changé. Elle n'était plus joyeuse comme avant. Son père et moi, on devait s'imposer pour se faire inviter. Ils n'avaient jamais le temps de venir chez-nous... Frédéric se montrait assez souvent froid et même hostile à notre endroit. Un jour qu'il avait pas mal « rabaissé » Valérie en notre présence, j'ai osé lui dire « que je le prenais pas qu'il traite notre fille comme ça ». Il m'a dit de ne plus revenir si ça faisait pas notre affaire, qu'il était chez lui. Ma fille n'a rien dit. J'ai pas répliqué car j'avais peur de ne plus voir ma fille et mes petits-enfants. Paul et Sarah, 5 ans et 3 ans, s'accrochaient à nous autres quand on s'apprêtait à partir. Par la suite, ma fille n'a plus eu le droit de nous téléphoner. Quand je l'appelais, il fallait que ce soit très bref, sinon il coupait la communication. Je ne pouvais pas parler aux deux plus vieux. J'ai parlé de tout ça à une amie de ma fille qui reste pas loin de chez nous. Elle m'a suggéré de téléphoner à la DPJ pour avoir des conseils. Presque en même temps, la police est intervenue parce que mon gendre avait frappé Valérie et qu'elle avait appelé les policiers. Ils ne sont plus ensemble et elle est revenue vivre près de chez nous. Frédéric voit les enfants trois heures par quinze jours, mais toujours en présence d'une autre personne. Faut pas oublier que Zoé la petite puce n'a même pas deux ans. J'ai mal quand elle me raconte ce qu'elle a enduré et comment les enfants réagissaient, même s'ils étaient bien jeunes. Des fois, je me dis que j'aurais dû réagir, mais je savais pas quoi faire.

Grand-maman Rachel, 62 ans,
enseignante à la retraite.

Par son comportement et ses confidences, l'enfant peut, volontairement ou non, indiquer à un grand-parent, à un oncle, à une marraine ou à un voisin que ça ne va pas vraiment bien dans sa famille. Il peut faire allusion à des objets que son papa a brisés lors d'une dispute avec sa mère. Il peut aussi faire preuve d'une grande réserve ou d'une crainte lorsqu'on l'interroge sur sa famille. Dans certains cas, il insistera sur le calme qui prévaut dans la demeure de sa tante ou sur la qualité de la relation entre les parents d'une amie. Lorsqu'on y prête attention, une multitude d'indices, souvent très subtils, peuvent nous alerter sur ce que vit l'enfant exposé à de la violence. Il appartient à chacun d'entre nous d'être vigilant.

Mais comment puis-je traduire le vécu et les états d'âme de l'enfant ? Suis-je apte à l'aider lorsqu'il me lance des appels à l'aide ? Comment l'aider sans lui nuire ? Ces questions et bien d'autres peuvent nous convaincre de ne rien faire plutôt que de réagir à la confiance que l'enfant place en nous en risquant d'être transparent avec nous. Pourtant, il ne s'agit bien souvent que d'écouter l'enfant et d'oser poser les questions qui nous brûlent les lèvres comme nous le ferions avec une amie ou un collègue de travail qui se confierait à nous.

Il peut aussi arriver que notre « décodeur » soit brouillé par le lien qui nous unit à l'adulte qui agit ou qui subit la violence. Comme grand-parent, il peut être difficile « d'accepter » d'entendre et de croire un petit-fils qui dévoile la violence exercée par son père ou subie par sa mère. Pour un ami intime de celui qui agresse, prendre en considération les signaux de l'enfant peut mettre en cause la nature et la qualité de la relation qu'il a avec le conjoint violent. Quant au voisin, il peut lui être plus facile de miser sur « ce qu'il ne voit pas et n'entend pas » plutôt que de porter une attention aux informations transmises par l'enfant.

La violence conjugale, particulièrement lorsque des enfants sont concernés, est un problème qui dérange, qui perturbe notre quiétude. Dans ce contexte, considérant la vulnérabilité de l'enfant et la confiance qu'il nous démontre en dévoilant ce qui se passe chez lui, on peut se demander si notre priorité est notre bien-être personnel, celui des adultes concernés ou celui de l'enfant ?

D'autre part, lorsque l'enfant nous transmet ses signaux de détresse, il est aussi possible de douter du message que nous recevons. Avons-nous bien saisi ce qu'il essaie de nous dire ? Est-ce que nous allons trop vite dans notre interprétation ? Au plus profond de nous, nous pouvons même nous questionner sur la véracité des propos de l'enfant. Comment savoir quoi faire si nous ne sommes pas certains de ce qui se passe réellement dans son univers familial ?

En cas de doute, il faut oser poser des questions, sans insister indûment ; cela demeure encore une fois la meilleure solution. « Ça ne va pas ? Qu'est-ce qui te préoccupe ? Tu sembles avoir de la peine, veux-tu m'en parler ? » En fait, toutes ces questions simples peuvent permettre à un enfant de se libérer d'un secret trop lourd qui l'accable. On peut aussi lui demander de nous expliquer ce qui ne nous semble pas clair. « Veux-tu me raconter ce qui s'est passé ? Qu'arrive-t-il lorsqu'il y a des chicanes ? Est-ce que tu as peur ? Est-ce que ça se produit souvent ? » L'enfant peut aussi traduire dans un dessin les peurs qui l'habitent et les scènes de violence qu'il a vues. Enfin, pour se représenter les situations de violence auxquelles l'enfant est exposé et qui le perturbent, et pour mieux les comprendre, il est bon de se questionner sur ce qu'éveille en soi les renseignements transmis par l'enfant.

Pour faciliter les échanges avec l'enfant, il faut choisir un moment ou un lieu qui facilite la confidence. Selon les goûts de l'enfant, ses centres d'intérêt et votre lien avec lui, vous pouvez par exemple l'inviter à manger ou lui proposer de faire une sortie uniquement avec lui. L'histoire intitulée « Plus gros qu'une p'tite chicane », que vous trouverez en annexe, peut s'avérer un bon moyen d'échanger de façon non menaçante avec l'enfant. Cependant, il importe que cette occasion crée l'intimité nécessaire à la confidence tout en évitant de mettre l'enfant en situation de danger.

Aider l'enfant sans juger ses parents

Quand mon neveu Michael, 10 ans, m'a raconté ce que son père faisait subir à ma sœur, j'ai eu le goût de lui dire qu'il ne méritait pas d'avoir un tel père. Aveuglée par la colère, je ne pensais qu'à trouver un moyen de faire payer à Louis (son père) la violence qu'il exerçait. Ce n'est que lorsque j'ai remarqué la tristesse et le désarroi dans les grands yeux de Michael que j'ai compris que ce n'était pas ce qu'il attendait de moi.

Martine, 38 ans.

Devant l'incompréhension face au problème de violence et parfois devant notre propre colère envers la personne qui exerce cette violence ou encore celle qui la subit, nous oublions parfois que l'enfant aussi vit un conflit intérieur et qu'il est tiraillé entre une situation de violence qu'il voudrait voir disparaître et deux parents qu'il aime. De ce fait, il est essentiel d'adopter des attitudes d'ouverture, d'écoute et de non-jugement. Dans sa quête de bien-être, l'enfant exposé à la violence ne cherche pas un héros ou un sauveur qui viendra le délivrer d'un « méchant parent », mais plutôt un adulte aidant qui lui permettra de sortir avec ses parents de ce climat de violence. Rappelons aussi que les enfants se sentent souvent responsables de la violence qui sévit chez eux et que c'est d'abord de réconfort dont ils ont besoin.

Coincés entre notre propre malaise et celui de l'enfant, il ne faut pas hésiter à demander l'aide des ressources spécialisées en violence conjugale afin d'être guidés quant à la meilleure façon de soutenir l'enfant. Dans les limites de ce que vous pouvez faire, ces ressources pourront vous éclairer sur la façon d'aborder le sujet avec l'enfant, de le soutenir dans ce qu'il vit et, lorsque la situation le nécessite, d'établir et de mettre en place avec lui des mesures de protection pour sa sécurité et son bien-être. En se préoccupant de ne pas compromettre la sécurité de l'enfant, ces personnes-ressources peuvent aussi vous conseiller sur différentes stratégies permettant d'aborder le sujet avec les adultes concernés afin de les inciter à demander de l'aide.

C'est ainsi qu'à partir de vos propres observations, vous serez peut-être plus à l'aise pour aborder le sujet avec la mère de l'enfant. Pour l'autre parent, peut-être connaissez-vous un proche de confiance qui pourrait en parler avec lui et l'inciter à demander de l'aide. Rappelons-nous toutefois que la priorité doit toujours être donnée à l'aide aux personnes qui subissent la violence. Souvent plus sensibles à l'importance du problème, elles sont davantage réceptives à votre aide et démontreront plus d'empressement à mettre en place des mesures pour assurer leur sécurité et leur bien-être. Dans la mesure où le conjoint violent est lui aussi disposé à se prendre en main, il demeure toujours possible de l'inciter à communiquer avec des ressources pouvant le soutenir dans cette démarche de changement.

Comme intervenant : un grand engagement

En général, les situations d'abus chez les enfants exigent un grand engagement chez les intervenants, quel que soit le secteur professionnel dans lequel ils œuvrent (éducatif, social, médical, juridique ou policier). Il en est de même pour les enfants exposés à de la violence conjugale. Devant l'ampleur du problème de la violence conjugale et à cause du contexte de dépendance et de vulnérabilité dans lequel se retrouvent les enfants exposés, il faut les efforts conjugués de tous les intervenants. Deux grands défis s'imposent : dépister la situation et travailler ensemble pour aider l'enfant.

Dépister, c'est essentiel

Nous sommes mardi, il est 10 heures 15, et Manon, éducatrice dans un centre de la petite enfance, anime un atelier d'expression des émotions avec ses grands de 4 ans. C'est agréable, car les enfants adorent manipuler les petites marionnettes au doigt et s'exprimer sur ce qui les touche. Aujourd'hui, le thème c'est la colère. Quelle n'est pas la surprise de Manon d'entendre tout à coup cette petite phrase : « Les papas ont le droit de taper les mamans des fois. » C'est Jason qui fait spontanément cette affirmation. Que révèle ce propos ? Que faire ? Chose certaine, le système de croyances du jeune Jason a déjà intégré un énoncé lourd de conséquences. Après avoir cherché et trouvé avec les enfants d'autres moyens que les tapes pour exprimer leur colère, Manon reste perplexe. Elle décide de recourir aux conseils d'une travailleuse sociale du service d'accueil au centre local de services communautaires (CLSC). En respectant la confidentialité, elle a le bon réflexe. Elle veut savoir comment tendre des perches à Jason et à sa maman pour connaître davantage leur situation et les orienter, s'il y a lieu, vers une ressource spécialisée.

Cette fois, c'est Manon qui a eu la puce à l'oreille et la délicate tâche de dépister, sans brusquer et sans juger. Ce pourrait être l'infirmière en périnatalité au CLSC, un médecin, un travailleur de rue, un animateur de maison de jeunes, un enseignant du primaire ou du secondaire, etc. Cette proximité des jeunes et des parents maximise les possibilités de dépister les enfants exposés à la violence conjugale. Les stratégies familiales pour maintenir le secret de la violence ainsi que les contrecoups de l'exposition à la violence conjugale (présentés aux chapitres 1 et 3) sont autant d'indices qui permettent de soulever l'hypothèse d'un malaise vécu par l'enfant à cause d'un problème de violence entre ses parents.

Soulignons que les activités préventives de dépistage peuvent prendre différentes formes et même s'insérer dans la programmation des activités régulières des milieux que les jeunes fréquentent. Par exemple, selon l'âge des enfants et la nature des programmes, il peut s'agir d'un conte qui est lu aux enfants et qui fait allusion à la violence conjugale ; il est aussi possible de proposer ce thème dans le cadre d'un atelier d'improvisation ou de l'inclure comme sujet de présentation orale ou écrite.

Dépister les enfants exposés à de la violence conjugale, c'est susciter une occasion d'aborder la question. Il ne s'agit pas de faire une « chasse aux sorcières », mais bien d'être attentifs aux signaux d'alarme, verbaux et non verbaux, qui sont lancés. Les enfants ont besoin de notre soutien et de notre aide pour faire ce premier pas et espérer se sortir d'une atmosphère pernicieuse.

Travailler ensemble, c'est gagnant pour l'enfant

Comme pour l'entourage de la famille où sévit la violence conjugale, il est conseillé aux intervenants moins familiers avec ce problème de consulter et d'échanger avec ceux qui travaillent quotidiennement avec des situations de violence conjugale. Ces intervenants spécialisés, on les retrouve plus particulièrement dans les maisons d'aide et d'hébergement pour femmes et enfants victimes de violence, dans les organismes qui travaillent auprès des hommes ayant des comportements violents, dans les centres de santé et services sociaux et dans les centres jeunesse.

Quelle que soit l'étape à l'intérieur du processus d'aide, qu'il s'agisse du dépistage, de la référence ou de l'aide thérapeutique, le travail concerté entre les intervenants et les organismes demeure le modèle à privilégier. Une concertation établie est synonyme d'une plus grande efficacité et d'une meilleure aide pour l'enfant et ses parents. Jusqu'à tout récemment, l'intervention en violence conjugale privilégiait surtout les adultes, femmes et hommes, mais la situation a récemment évolué. Une action concertée permet d'avoir une vision globale du problème et de se préoccuper également des enfants.

En bref

Nous sommes tous appelés à aider les enfants exposés à la violence conjugale ; il s'agit d'une responsabilité collective que nous devons tous assumer.

En tant que **parent**, il y a trois étapes à franchir :

- Reconnaître le problème de violence, que l'on soit victime ou agresseur, malgré la honte et la peur ressenties à l'idée d'admettre ce problème.
- Faire le choix d'offrir la non-violence à l'enfant, malgré le défi que cela représente, tout en sachant que c'est ce qu'il y a de mieux pour l'enfant.
- Recourir à des ressources pour mettre fin à la violence qui règne à la maison, que ce soit pour soi-même ou pour les enfants.

En tant que **membre de l'entourage** d'un enfant exposé à la violence, il faut se référer aux règles suivantes :

- Se dire que la violence conjugale n'est pas une « affaire privée » et que nous devons tous agir.
- Être attentif aux nombreux indices, souvent très subtils, qui peuvent nous alerter sur ce qu'un enfant vit ; il appartient à chacun d'être vigilant !

- Être ambivalent ou anxieux à l'idée de découvrir un tel problème est normal ; cependant, il faut prioriser le bien-être de l'enfant qui subit cette situation.
- Écouter l'enfant, le mettre à l'aise et oser, sans le forcer, poser des questions qui lui permettront de se libérer d'un lourd secret est bien souvent suffisant.
- Il sera plus facile de vérifier ce qui se passe en choisissant un moment opportun pour aborder cette question.
- Se rappeler, malgré toute la colère que l'on peut ressentir envers la personne qui exerce la violence, que l'enfant souhaite d'abord et avant tout traverser cette épreuve avec ses deux parents ; il ne sert à rien d'émettre des jugements sévères sur l'agresseur en présence de l'enfant.
- Ne pas s'isoler avec ses doutes et ses malaises ; il existe des ressources pour aider à préparer une action auprès de l'enfant et offrir du soutien.

En tant qu'**intervenant**, nous jouons un rôle central qui peut aider un enfant exposé à de la violence conjugale. Loin d'être démuni, nous pouvons :

- Dépister la violence conjugale et nous rendre compte qu'un enfant y est exposé.
- Augmenter nos connaissances sur la question de la violence conjugale et maintenir une préoccupation réelle pour les enfants qui vivent dans cet environnement toxique.
- Consulter et échanger avec ceux qui travaillent quotidiennement dans des situations de violence conjugale.
- Contribuer au dévelopement d'une action concertée entre les intervenants et les organismes concernés afin d'avoir une vision globale du problème et de l'intervention à privilégier.

Conclusion

Comme nous le demandait Frédérique au tout début de ce livre, nous avons voulu lever le voile sur le drame vécu par les enfants exposés à la violence conjugale. Nous avons aussi tenté de sensibiliser les lecteurs à l'importance de redonner à Olivier, à Joëlle, à Chloé, à François et à tous les autres l'espoir de vivre dans un milieu exempt de violence.

Pour toutes les victimes qui la subissent, la violence conjugale est bien plus qu'une simple scène de ménage. C'est l'incompréhension, l'impuissance et la terreur devant une prise de contrôle répétée, insidieuse et continue dans le temps. C'est très souvent la loi du silence, même si la souffrance devient de plus en plus intolérable. C'est aussi de voir le quotidien chambardé lorsque la situation est dévoilée.

Les enfants, même s'ils ne le disent pas toujours, voient, entendent, sentent et interprètent les scènes de violence conjugale entre deux êtres qui leur sont chers, leurs parents. Ce climat malsain, surtout s'il perdure, provoque chez les enfants des conséquences sérieuses à court, à moyen et à long terme. Ces réactions peuvent être d'ordre physique, affectif, psychologique ou comportemental, et se traduire aussi par des troubles d'apprentissage à l'école.

Par contre, certains enfants s'en sortent et évoluent bien. Pour y arriver et surmonter l'adversité, ils ont besoin, entre autres, d'un adulte significatif qui les aide à reconnaître leur valeur personnelle et à développer leur potentiel malgré le traumatisme.

Au lieu de laisser la violence en héritage, les parents et les adultes en général doivent offrir aux enfants un cadeau d'amour et d'espoir : **LA NON-VIOLENCE.**

ANNEXES

ANNEXE 1

Une petite histoire à propos de la violence conjugale

Nous proposons maintenant une histoire à lire avec l'enfant intitulée « Plus gros qu'une p'tite chicane ». Son contenu visuel captera sans doute l'œil du petit de cinq ans et plus. Nous espérons aussi que les questions et les réponses de la section « Pour aller plus loin » faciliteront l'échange sur ce sujet délicat qu'est la violence conjugale.

Consignes avant de lire l'histoire à l'enfant

- Avant d'en faire la lecture à l'enfant, il est souhaitable d'avoir lu attentivement le livre, dont l'histoire avec les questions et les réponses. Le tableau 2 sur la typologie des chicanes **(feux verts, feux jaunes et feux rouges)** peut s'avérer éclairant pour distinguer une simple chicane d'une situation de violence.
- Se sentir soi-même à l'aise avec le sujet abordé.
- Lire l'histoire à un moment calme de la journée et éviter de le faire avant le coucher pour ne pas troubler le sommeil de l'enfant.
- Faire en sorte que l'enfant se représente bien les personnages et comprenne l'action.
- Après une première lecture et avant de poser les questions suggérées à l'annexe 3 « Pour aller plus loin », on demande à l'enfant de raconter l'histoire à sa façon. On lui relit l'histoire s'il en fait la demande.
- Ne pas insister pour que l'enfant réponde à toutes les questions ou pour qu'il ait les réponses aussi précises que celles suggérées dans l'annexe.
- Il est possible que cette histoire déclenche beaucoup d'émotions chez l'enfant. Elle peut aussi soulever des ques-

tions concernant ce qui se passe dans sa famille ou dans celle d'un parent ou d'une personne amie. Ces réactions sont normales et saines, et, **dans l'immédiat**, l'enfant a d'abord besoin d'être écouté et rassuré par un geste ou une parole, **sans nier** ou **minimiser** la réalité dont il fait part à l'adulte.

Par la suite, si c'est nécessaire, l'adulte peut communiquer avec une personne-ressource d'un organisme communautaire ou d'un centre de santé et de services sociaux qui le guidera dans la manière d'aider l'enfant.

ANNEXE 2

« Plus gros qu'une p'tite chicane »

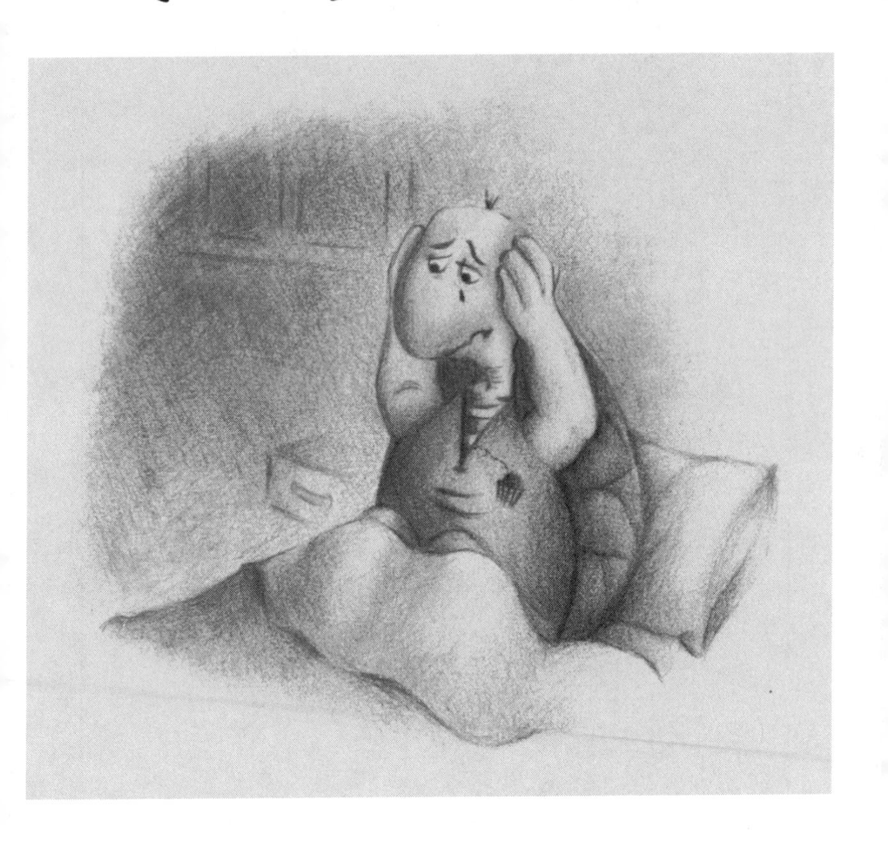

Théo
Toula
Rosie
5 ans
Hugo
8 ans

Ah non !,
ça recommence encore...

ESPÈCE DE FOLLE !
LA TÊTE VA TE PARTIR !
C'EST MOI QUI MÈNE !
Tais-toi, Théo
les enfants vont se réveiller.

Hugo, j'ai mal au cœur.
Est-ce que je peux dormir avec toi ?
Nounours a mal au ventre.

chut...
crac
J'ai très peur, Hugo, c'est plus gros qu'une p'tite chicane. Pourquoi papa est-il si fâché après maman?

Moi aussi, Rosie, j'ai peur. On dirait une grosse tempête. Maman m'a dit l'autre fois de ne pas m'en mêler, que ce serait pire. Peut-être que c'est à cause de moi qu'ils se chicanent? Je voudrais tellement que ça s'arrête. Qu'est-ce que je pourrais faire?
11 12 1 2 3 4 5 6 7 8 9 10

Demain, je vais parler des chicanes à Rhéa mon professeur. Elle nous a dit de venir la voir quand on avait un problème.

J'espère qu'ils n'ont rien entendu.

ANNEXE 3

Pour aller plus loin

À partir de la lecture de l'histoire « Plus gros qu'une p'tite chicane », nous proposons quelques **questions** pour faciliter la réflexion et l'échange avec les enfants au sujet de la violence conjugale.

1. Quelles sont les émotions vécues par Rosie ? Hugo ? Toula ? Théo ?

   Pour les plus jeunes
   (Qu'est-ce qui se passe dans le cœur de Rosie ? De Hugo ? De Toula ? De Théo ?)

2. Peux-tu nommer des choses qui t'inquiètent dans le comportement de papa Théo ?

3. A) Est-ce que des mots peuvent faire mal ?

   B) Quels sont les mots blessants, qui font mal dans ton cœur, que l'on retrouve dans cette histoire ?

   C) Connais-tu d'autres mots qui font mal et qui ne sont pas dans cette histoire ?

4. A) Pourquoi Toula, la maman de Rosie et de Hugo, ne veut-elle pas que son petit garçon se mêle de leur chicane ?

   B) Est-ce que Rosie devrait s'en mêler ?

5. Que penses-tu de l'idée de Hugo de parler à son professeur de ce qui se passe à la maison ?

6. Est-ce que Hugo trahit un secret ?

7. Peux-tu nommer une ou des personnes en qui tu aurais assez confiance pour parler d'un problème comme celui vécu dans la famille de Rosie et de Hugo ?

Réponses aux questions de l'histoire

1. *Rosie*: peur, tristesse ou peine, insécurité.

   Hugo: peur, tristesse ou peine, insécurité, culpabilité, impuissance.

   Toula: peur, tristesse ou peine, impuissance.

   Théo: colère ou agressivité exprimée par de la violence.

2. Théo a un visage agressif.

   Il menace Toula avec sa main.

   Il dit des paroles méchantes et menaçantes à Toula.

   Il ne pense pas que son explosion de colère va faire souffrir Toula, ou Hugo et Rosie, qui sont dans leurs chambres.

   À éviter: les réponses qui portent un jugement sur les personnes plutôt que sur leur comportement (par exemple, Théo est méchant).

3. A) Oui, si ce sont des mots blessants et dénigrants. Ils font encore plus mal quand les mots sont dits avec un visage méchant et un ton de voix qui font peur à la personne. Les mots blessants font encore plus mal quand ils sont dits par une personne qu'on aime. Ils laissent des marques à l'intérieur.

   B) « Espèce de folle », « La tête va te partir », « C'est moi qui mène. »

   C) Si l'enfant répond **oui**, on l'invite à en nommer quelques-uns. On peut aussi l'aider à préciser ce qu'il ressent quand il entend ces mots.

   Si l'enfant répond **non**, on n'insiste pas.

4. A) Toula a peur que Hugo aussi soit victime des mots méchants et des gestes menaçants de Théo. Elle croit, avec raison, que s'il s'en mêlait directement, la violence de Théo pourrait augmenter. Elle ne veut pas non plus que Hugo cherche à la protéger, car ce n'est pas le rôle des enfants.

   B) Non. Rosie ne doit pas s'en mêler. La situation entre Toula et Théo est dangereuse pour la maman et les deux enfants.

5. C'est une bonne idée qu'a Hugo d'aller chercher une aide à l'extérieur. Heureusement qu'il s'est rappelé de l'invitation de Rhéa, son enseignante, de venir lui parler de leurs problèmes.

   Autres suggestions de réponse

   Hugo et Rosie pourraient aussi dire à Toula, le lendemain de la grosse chicane et sans la présence de Théo, comment ils ont eu peur pour eux et pour elle.

   Hugo pourrait aussi dire à Toula qu'il aimerait que leur famille ait de l'aide et qu'il a eu une idée.

6. Non. Rien n'indique dans l'histoire que c'était un secret. En parlant à son enseignante de la violence qui se passe entre son père et sa mère, Hugo veut aider la famille. Il espère ainsi qu'il n'y aura plus de violence. Par contre, si Toula avait dit à Hugo et Rosie que ce qui se passe dans leur famille était un secret, peut-être que Hugo serait moins à l'aise d'en parler à son enseignante. Cependant, lorsqu'un secret est lourd, qu'il nous rend malheureux et inconfortable, il faut en parler à quelqu'un en qui on a confiance. Particulièrement lorsqu'il y a du danger pour soi et pour les autres.

7. L'enfant peut nommer sa mère, une tante, un oncle, un grand-parent, un ami ou une amie de la famille. Il peut aussi mentionner une éducatrice en garderie, un enseignant, une travailleuse sociale, une infirmière ou un psychologue de son école, ou encore un policier ou un médecin. Il est possible aussi qu'il verbalise les raisons justifiant son ou ses choix.

Ressources

Livres pour les parents

Contes à l'usage des parents et autres adultes soucieux du bonheur des enfants
GUILMAINE, C. (en coll. avec J. Tremblay) Montréal : Éditions du Cram, 2002. 175 p.

Les vilains petits canards
CYRULNIK, Boris. Paris : Odile Jacob, 2001. 279 p.

Mon père me fait peur : vécu des enfants exposés à la violence conjugale
BOUTIN, Rachel. Québec : Éditions Deslandes, 1998. 161 p.

Un merveilleux malheur
CYRULNIK, Boris. Paris : Odile Jacob, 1999. 238 p.

Livres pour les enfants

Jean n'est pas méchant **5 ans +**
LE PICARD, Clara. Paris : Albin Michel Jeunesse, 2001. 36 p. (La vie comme elle est)

Un livre sur la violence familiale et les enfants battus. Une collection qui aborde des problèmes graves et difficiles à expliquer aux enfants. À lire avec eux.

Les contes d'Audrey-Anne : contes philosophiques **6 ans +**
DANIEL, Marie-France. Québec : Le Loup de gouttière, 2002. 109 p. (Les petits loups)

Seize contes mettant en vedette des enfants face à diverses situations de violence ou d'abus. Contes pour enfants mais à lire avec un adulte.

Jérémie est maltraité **6 ans +**
DE SAINT MARS, Dominique. Fribourg: Calligram,
1997. 45 p. (Max et Lili)

Jérémie arrive souvent à l'école avec des bleus sur le corps. Il en parle à son ami Max.

Les parents de Max et Lili se disputent **6 ans +**
DE SAINT-MARS, Dominique. Fribourg: Calligram,
1995. 45 p. (Max et Lili)

Fait partie d'une collection d'une cinquantaine de titres (des bandes dessinées) portant sur la résolution des problèmes qui surviennent dans la vie quotidienne des enfants.

Tempête à la maison **6 ans +**
HOESTLANDT, Jo, Paris: Bayard,
2003. 48 p. (J'aime lire)

Les parents de Sophie se disputent tout le temps depuis quelque temps. Sophie aimerait que tout redevienne comme avant, maintenant elle a toujours peur, peur d'être abandonnée ou que ses parents se séparent.

Maltraitance non! **7 ans +**
DE SAINT MARS, Dominique, Paris: Bayard,
2004. 37 p. (Petits guides pour dire non)

Pour aider l'enfant à s'affirmer et à se défendre contre la maltraitance. Un guide pour la prévention, à lire en famille.

Violence non! **7 ans+**
DE SAINT MARS, Dominique, Paris: Bayard,
2004. 37 p. (Petits guides pour dire non)

Pour aider l'enfant à dire non à la violence, qu'elle provienne de mots, de coups, de regards, la violence qui vient des autres, celle que l'on fait subir aux autres ou que l'on se fait à soi-même. À lire en famille.

La violence et la non-violence **8 ans +**

PUECH, Michel et Brigitte LABBÉ. Toulouse : Milan, 2002. 39 p. (Les goûters philo)

« Les goûters philo » sont une série de petits livres pour aider les enfants à réfléchir sur un sujet, sans nécessairement donner des réponses. Voir également dans la même collection *Le bien et le mal*.

Dire non à la violence **9 ans +**

VAILLANT, Emmanuel. Toulouse : Milan, 2002. 37 p. (Les essentiels Milan junior)

Ce petit livre qui va à l'essentiel peut aider les jeunes à répondre aux questions qu'ils se posent sur le phénomène de la violence. Il propose des pistes pour aider à lutter contre cette violence en apportant des exemples précis et des conseils.

Sites Internet pour les parents

Effets de la violence familiale sur la santé

http://www.hc-sc.gc.ca/hppb/violencefamiliale/pdfs/healtheffects-fre.pdf

Centre national d'information sur la violence dans la famille.

Les enfants exposés à la violence conjugale et familiale : guide à l'intention des éducateurs et des intervenants en santé et en services sociaux

www.hc-sc.gc.ca/hppb/violencefamiliale/pdfs/children-f.pdf

Centre national d'information sur la violence dans la famille.

Les enfants témoins de violence conjugale : analyse des facteurs de protection

www.clipp.ca/clippmain.jsp?idbin=132400

Centre de liaison sur l'intervention et la prévention psychosociales (CLIPP).

www.prefecture-police-paris.interieur.gouv.fr/prevention/violences_conjugales.htm
Des informations sur les droits des victimes et les démarches à entreprendre en France.

www.justice.gouv.fr/region/inavemc.htm
Coordonnées des associations françaises d'aide aux victimes.

Stop à la violence intra-familiale
www.savif.com
Un site dédié aux victimes de violence familiale, avec des témoignages et des conseils.

www.sivic.org
Ce site est surtout destiné aux professionnels qui souhaitent s'informer sur la violence conjugale et sur ses conséquences et savoir comment agir en tant que professionnel.

Organismes d'information sur les enfants exposés à la violence conjugale

Centre de recherche interdisciplinaire sur la violence familiale et la violence faite aux femmes (CRI-VIFF)

À Québec

Université Laval
Pavillon Charles-De Koninck, bureau 0439
Sainte-Foy (Québec) G1K 7P4
☎ : (418) 656-3286
📠 : (418) 656-3309
criviff@fss.ulaval.ca
www.criviff.qc.ca

À Montréal

Université de Montréal

C.P. 6128, succursale Centre-ville, Montréal (Québec) H3C 3J7
☎ : (514) 343-5708
📠: (514) 343-6442
cri-viff@esersoc.umontreal.ca
www.criviff.qc.ca

Le CRI-VIFF a été fondé par l'Université de Montréal, l'Université Laval, l'Association des CLSC et des CHSLD du Québec et Relais femmes. En plus de nous informer sur les recherches en cours et les publications du CRI-VIFF, le site Internet contient plusieurs liens vers différentes ressources touchant la violence conjugale.

Centre national d'information sur la violence dans la famille
Unité de prévention de la violence familiale
Division de la santé des collectivités
Centre du développement humain en santé

Santé Canada - Indice de l'adresse: 1907D1
Immeuble Jeanne Mance, Pré Tunney, Ottawa (Ontario) K1A 1B4
☎ : (613) 957-2938
☎ sans frais: 1-800-267-1291
📠: (613) 941-8930
ATME: (613) 952-6396
ATME sans frais: 1-800-561-5643
ncfr-cnivf@hc-sc.gc.ca
www.hc-sc.gc.ca/hppb/violencefamiliale

Organisme fédéral canadien offrant gratuitement information, documentation et référence sur l'agression sexuelle d'enfants ainsi que sur toute forme de violence familiale. Le site Internet contient plusieurs répertoires de services, tel le « Répertoire national des programmes de traitement pour auteurs d'agressions sexuelles sur les enfants ».

Section de la violence envers les enfants
Bureau de la surveillance de la santé et de l'épidémiologie
Centre de développement humain en santé
Santé Canada DGPS, Immeuble 7, Pré Tunney
I.A.0701D, Ottawa (Ontario) K1A 0L2
Child_Maltreatment@hc-sc.gc.ca
www.hc-sc.gc.ca/pphb-dgspsp/cm-vee/contact_f.html

La Section de la violence envers les enfants a pour objectif de favoriser la collecte de données sur l'incidence des cas déclarés d'enfants victimes de violence et de négligence dans tout le pays, de réunir des données de base et suivre les tendances en matière de déclaration de cas de violence et de négligence, d'encourager une meilleure compréhension de la problématique, de partager l'information recueillie avec d'autres intervenants, etc. Le site Internet donne accès à plusieurs publications en format PDF.

Organismes d'aide aux enfants, aux mères, aux pères et aux familles

■ Québec

À cœur d'homme, réseau d'aide aux hommes pour une société sans violence
688, boul. Manseau, Joliette (Québec) J6E 3E6
☎ : (450) 759-7799
Fax : (450) 759-4445
info@acoeurdhomme.org

À cœur d'homme est un réseau provincial qui regroupe 24 organismes communautaires intervenant auprès des conjoints violents désirant modifier leur comportement, ainsi que des organismes de type préventif. Il suffit de téléphoner pour connaître les organismes de sa région.

Association des CLSC et des CHSLD
1801, de Maisonneuve Ouest, bureau 600
Montréal (Québec) H3H 1J9
☎ : (514) 931-1448
📠 : (514) 931-9577
assoc@clsc-chsld.qc.ca
www.clsc-chsld.qc.ca

Les CLSC donnent de l'information sur les ressources existantes. Pour connaître les coordonnées des CLSC, consulter l'annuaire téléphonique, le site Internet de l'Association des CLSC et des CHSLD du Québec ou téléphoner au numéro suivant : (514) 931-1448.

Association des Centres Jeunesse du Québec
1001, boul. de Maisonneuve Ouest, bureau 410
Montréal (Québec) H3A 3C8
☎ : (514) 842-5181
📠 : (514) 842-4834
www.acjq.qc.ca

L'Association est formée des 17 centres jeunesse sur le territoire québécois et des 2 centres à vocations multiples qui ont pour mission de fournir des services psychosociaux ou de réadaptation aux jeunes en difficulté, aux mères en difficulté et à leur famille. Le site Internet contient les coordonnées des directeurs et directrices de la protection de la jeunesse auxquels tout citoyen se doit de signaler le cas d'un enfant en détresse.

Fédération des ressources d'hébergement pour femmes violentées et en difficulté du Québec
110, rue Sainte-Thérèse, bureau 905, Montréal (Québec) H2Y 1E6
☎ : (514) 878-9757
📠 : (514) 878-9755
info@fede.qc.ca
www.fede.qc.ca

La Fédération entend promouvoir la défense des droits et le développement de l'autonomie des femmes aux prises avec des difficultés liées aux différentes formes de violence conjugale, à la toxicomanie, à la santé mentale et à l'itinérance.

Groupe d'Aide aux Personnes Impulsives
273, de l'Église, Québec (Québec) G1K 6G7
☎ : (418) 529-3446
📠 : (418) 529-7566
infos@legapi.com
www.legapi.com

Organisme de la région de Québec (région 03) venant en aide aux hommes ayant des comportements violents.

Regroupement des organismes Espace du Québec
59, rue Monfette, bureau 218, Victoriaville (Québec) G6P 1J8
☎ : (819) 751-1436
📠 : (819) 751-1586
roeq@cdcbf.qc.ca
www.roeq.qc.ca

Les équipes régionales Espace sont des organismes communautaires qui travaillent à promouvoir la prévention de la violence faite aux enfants. Le programme Espace est offert aux enfants du préscolaire et du primaire, ainsi qu'aux adultes de leur milieu. Vous pouvez contacter le Regroupement pour connaître les coordonnées de l'équipe de votre région.

Regroupement provincial des maisons d'hébergement et de transition pour femmes victimes de violence conjugale
C.P. 55005, CFP Notre-Dame
11, rue Notre-Dame Ouest, Montréal (Québec) H2Y 4A7
☎ : (514) 878-9134
📠 : (514) 878-9136
info@maisons-femmes.qc.ca
www.maisons-femmes.qc.ca

Organisme sans but lucratif se définissant comme un groupe de soutien, d'échange et de services. Le réseau compte près de 50 maisons d'hébergement.

S.O.S. Violence conjugale
☎ : (514) 873-9010
☎ sans frais: 1-800-363-9010
cstdenis@sosviolenceconjugale.com
www.sosviolenceconjugale.com

Service téléphonique d'urgence, gratuit et bilingue, offert aux femmes victimes de violence conjugale à travers le Québec. Accessible 24 heures par jour, 7 jours par semaine. On y accueille, évalue et dirige les femmes vers les services appropriés de leur région lorsque nécessaire.

■ France

119 : numéro d'appel enfance maltraitée
www.allo119.gouv.fr

SOS Violences conjugales
N° vert : 01 40 33 80 60
www.sosfemmes.com

Institut National d'Aide aux Victimes et de Médiation (INAVEM)
www.justice.gouv.fr/region/inavem.htm

Numéro national d'Aide aux Victimes
1, rue du Pré Saint Gervais, 93961 Pantin cedex
☎ : 01 41 83 42 00 / 0810 09 86 09
N° Azur : 0 810 09 86 09

Numéro national centralisant l'ensemble des appels de personnes ayant subi maltraitance ou violence et qui répartit ensuite par type de violences sur 150 associations.

SOS Violences Familiales
Association spécialisée dans l'accueil et l'écoute des hommes violents
☎ : 01 44 73 01 27

Fédération nationale Solidarité Femmes
☎ : 01 40 02 02 33

SOS familles en péril
☎ : 01 42 46 66 77

Enfance et Partage
Ligne d'écoute d'enfants maltraités ou abusés
10, rue des Bleuets, 75011 Paris
N° vert: 0 800 05 1 2 3 4
www.enfance-et-partage.org

Ados, mode d'emploi

Michel Delagrave

Devant le désir croissant d'indépendance de l'adolescent et face à ses choix, les parents développent facilement un sentiment d'impuissance. Dans un style simple et direct, l'auteur leur donne diverses pistes de réflexion et d'action.

ISBN 2-89619-016-3 2005/120 pages

Aide-moi à te parler!
La communication parent-enfant

Gilles Julien

L'importance de la communication parent-enfant, ses impacts, sa force, sa nécessité. Des histoires vécues sur la responsabilité fondamentale de l'adulte: l'écoute, le respect et l'amour des enfants.

ISBN 2-922770-96-6 2004/144 pages

Aider à prévenir le suicide chez les jeunes
Un livre pour les parents

Michèle Lambin

Reconnaître les indices symptomatiques, comprendre ce qui se passe et contribuer efficacement à la prévention du suicide chez les jeunes.

ISBN 2-922770-71-0 2004/272 p.

L'allaitement maternel

Comité pour la promotion de l'allaitement maternel de l'Hôpital Sainte-Justine

Le lait maternel est le meilleur aliment pour le bébé. Tous les conseils pratiques pour faire de l'allaitement une expérience réussie! (2e édition)

ISBN 2-922770-57-5 2002/104 p.

Apprivoiser l'hyperactivité et le déficit de l'attention

Colette Sauvé

Une gamme de moyens d'action dynamiques pour aider l'enfant hyperactif à s'épanouir dans sa famille et à l'école.

ISBN 2-921858-86-X 2000/96 p.

Au-delà de la déficience physique ou intellectuelle
Un enfant à découvrir

Francine Ferland

Comment ne pas laisser la déficience prendre toute la place dans la vie familiale ? Comment favoriser le développement de cet enfant et découvrir le plaisir avec lui ?

ISBN 2-922770-09-5 2001/232 p.

Au fil des jours... après l'accouchement

L'équipe de périnatalité de l'Hôpital Sainte-Justine

Un guide précieux pour répondre aux questions pratiques de la nouvelle accouchée et de sa famille durant les premiers mois suivant l'arrivée de bébé.

ISBN 2-922770-18-4 2001/96 p.

Au retour de l'école...
La place des parents dans l'apprentissage scolaire

Marie-Claude Béliveau

Une panoplie de moyens pour aider l'enfant à développer des stratégies d'apprentissage efficaces et à entretenir sa motivation. (2e édition)

ISBN 2-922770-80-X 2004/280 p.

Comprendre et guider le jeune enfant
À la maison, à la garderie

Sylvie Bourcier

Des chroniques pleines de sensibilité sur les hauts et les bas des premiers pas du petit vers le monde extérieur.

ISBN 2-922770-85-0 2004/168 p.

De la tétée à la cuillère
Bien nourrir mon enfant de 0 à 1 an

Linda Benabdesselam et autres

Tous les grands principes qui doivent guider l'alimentation du bébé, présentés par une équipe de diététistes expérimentées.

ISBN 2-922770-86-9 2004/144 p.

Le développement de l'enfant au quotidien
Du berceau à l'école primaire

Francine Ferland

Un guide précieux cernant toutes les sphères du développement de l'enfant: motricité, langage, perception, cognition, aspects affectifs et sociaux, routines quotidiennes, etc.

ISBN 2-89619-002-3 2004/320 pages

Le diabète chez l'enfant et l'adolescent

Louis Geoffroy, Monique Gonthier et les autres membres de l'équipe de la Clinique du diabète de l'Hôpital Sainte-Justine

Un ouvrage qui fait la somme des connaissances sur le diabète de type 1, autant du point de vue du traitement médical que du point de vue psychosocial.

ISBN 2-922770-47-8 2003/368 p.

Drogues et adolescence
Réponses aux questions des parents

Étienne Gaudet

Sous forme de questions-réponses, connaître les différentes drogues et les indices de consommation, et avoir des pistes pour intervenir.

ISBN 2-922770-45-1 2002/128 p.

En forme après bébé
Exercices et conseils

Chantale Dumoulin

Des exercices et des conseils judicieux pour aider la nouvelle maman à renforcer ses muscles et à retrouver une bonne posture.

ISBN 2-921858-79-7 2000/128 p.

En forme en attendant bébé
Exercices et conseils

Chantale Dumoulin

Des exercices et des conseils pratiques pour garder votre forme pendant la grossesse et pour vous préparer à la période postnatale.

ISBN 2-921858-97-5 2001/112 p.

L'enfant adopté dans le monde
(en quinze chapitres et demi)

Jean-François Chicoine, Patricia Germain et Johanne Lemieux

Un ouvrage complet traitant des multiples aspects de ce vaste sujet: l'abandon, le processus d'adoption, les particularités ethniques, le bilan de santé, les troubles de développement, l'adaptation, l'identité...

ISBN 2-922770-56-7 2003/480 p.

L'enfant malade
Répercussions et espoirs

Johanne Boivin, Sylvain Palardy et Geneviève Tellier

Des témoignages et des pistes de réflexion pour mettre du baume sur cette cicatrice intérieure laissée en nous par la maladie de l'enfant.

ISBN 2-921858-96-7 2000/96 p.

L'estime de soi des adolescents

Germain Duclos, Danielle Laporte et Jacques Ross

Comment faire vivre un sentiment de confiance à son adolescent? Comment l'aider à se connaître? Comment le guider dans la découverte de stratégies menant au succès?

ISBN 2-922770-42-7 2002/96 p.

L'estime de soi des 6-12 ans

Danielle Laporte et Lise Sévigny

Une démarche simple pour apprendre à connaître son enfant et reconnaître ses forces et ses qualités, l'aider à s'intégrer et lui faire vivre des succès.

ISBN 2-922770-44-3 2002/112 p.

L'estime de soi, un passeport pour la vie

Germain Duclos

Pour développer des attitudes éducatives positives qui aideront l'enfant à acquérir une meilleure connaissance de sa valeur personnelle. (2e édition)

ISBN 2-922770-87-7 2004/248 p.

Et si on jouait ?
Le jeu chez l'enfant de la naissance à six ans

Francine Ferland

Les différents aspects du jeu présentés aux parents et aux intervenants: information détaillée, nombreuses suggestions de matériel et d'activités.

ISBN 2-922770-36-2 2002/184 p.

Être parent, une affaire de cœur I

Danielle Laporte

Des textes pleins de sensibilité, qui invitent chaque parent à découvrir son enfant et à le soutenir dans son développement.

ISBN 2-921858-74-6 1999/144 p.

Être parent, une affaire de cœur II

Danielle Laporte

Une série de portraits saisissants: l'enfant timide, agressif, solitaire, fugueur, déprimé, etc.

ISBN 2-922770-05-2 2000/136 p.

Famille, qu'apportes-tu à l'enfant ?

Michel Lemay

Une réflexion approfondie sur les fonctions de chaque protagoniste de la famille, père, mère, enfant... et les différentes situations familiales.

ISBN 2-922770-11-7 2001/216 p.

La famille recomposée
Une famille composée sur un air différent

Marie-Christine Saint-Jacques et Claudine Parent

Comment vivre ce grand défi? Le point de vue des adultes (parents, beaux-parents, conjoints) et des enfants impliqués dans cette nouvelle union.

ISBN 2-922770-33-8 2002/144 p.

Favoriser l'estime de soi des 0 - 6 ans

Danielle Laporte

Comment amener le tout-petit à se sentir en sécurité ? Comment l'aider à développer son identité ? Comment le guider pour qu'il connaisse des réussites?

ISBN 2-922770-43-5 2002/112 p.

Grands-parents aujourd'hui
Plaisirs et pièges
Francine Ferland

Les caractéristiques des grands-parents du 21e siècle, leur influence, les pièges qui les guettent, les moyens de les éviter, mais surtout les occasions de plaisirs qu'ils peuvent multiplier avec leurs petits-enfants.

ISBN 2-922770-60-5 2003/152 p.

Guider mon enfant dans sa vie scolaire
Germain Duclos

Des réponses aux questions les plus importantes et les plus fréquentes que les parents posent à propos de la vie scolaire de leur enfant.

ISBN 2-922770-21-4 2001/248 p.

J'ai mal à l'école
Troubles affectifs et difficultés scolaires
Marie-Claude Béliveau

Cet ouvrage illustre des problématiques scolaires liées à l'affectivité de l'enfant. Il propose aux parents des pistes pour aider leur enfant à mieux vivre l'école.

ISBN 2-922770-46-X 2002/168 p.

Les maladies neuromusculaires chez l'enfant et l'adolescent
Sous la direction de Michel Vanasse, Hélène Paré, Yves Brousseau et Sylvie D'Arcy

Les informations médicales de pointe et les différentes approches de réadaptation propres à chacune des maladies neuromusculaires.

ISBN 2-922770-88-5 2004/376 p.

Le nouveau Guide Info-Parents
Michèle Gagnon, Louise Jolin et Louis-Luc Lecompte

Voici, en un seul volume, une nouvelle édition revue et augmentée des trois *Guides Info-Parents*: 200 sujets annotés.

ISBN 2-922770-70-2 2003/464 p.

Parents d'ados

De la tolérance nécessaire à la nécessité d'intervenir

Céline Boisvert

Pour aider les parents à départager le comportement normal du pathologique et les orienter vers les meilleures stratégies.

ISBN 2-922770-69-9 2003/216 p.

Les parents se séparent...

Pour mieux vivre la crise et aider son enfant

Richard Cloutier, Lorraine Filion et Harry Timmermans

Pour aider les parents en voie de rupture ou déjà séparés à garder espoir et mettre le cap sur la recherche de solutions.

ISBN 2-922770-12-5 2001/164 p.

La scoliose

Se préparer à la chirurgie

Julie Joncas et collaborateurs

Dans un style simple et clair, voici réunis tous les renseignements utiles sur la scoliose et les différentes étapes de la chirurgie correctrice.

ISBN 2-921858-85-1 2000/96 p.

Le séjour de mon enfant à l'hôpital

Isabelle Amyot, Anne-Claude Bernard-Bonnin, Isabelle Papineau

Comment faire de l'hospitalisation de l'enfant une expérience positive et familiariser les parents avec les différences facettes que comporte cette expérience.

ISBN 2-922770-84-2 2004/120 p.

Tempête dans la famille

Les enfants et la violence conjugale

Isabelle Côté, Louis-François Dallaire et Jean-François Vézina

Comment reconnaître une situation où un enfant vit dans un contexte de violence conjugale ? De quelle manière l'enfant qui y est exposé réagit-il ? Quelles ressources peuvent venir en aide à cet enfant et à sa famille ?

ISBN 2-89619-008-2 2004/160 p.

Les troubles anxieux expliqués aux parents

Chantal Baron

Quelles sont les causes de ces maladies et que faire pour aider ceux qui en souffrent ? Comment les déceler et réagir le plus tôt possible?

ISBN 2-922770-25-7 2001/88 p.

Les troubles d'apprentissage : comprendre et intervenir

Denise Destrempes-Marquez et Louise Lafleur

Un guide qui fournira aux parents des moyens concrets et réalistes pour mieux jouer leur rôle auprès de l'enfant ayant des difficultés d'apprentissage.

ISBN 2-921858-66-5 1999/128 p.